シネマ坊主

松本人志

日経BP社

目次

装丁　新井千佳子

シネマ坊主

ライフ・イズ・ビューティフル

くやしいけど10点満点。久しぶりに映画で笑ってもうた

99年6月

いきなりでなんですけど、この映画は完璧…です。完璧は言い過ぎにしても、久しぶりの大ヒットじゃないですかね。本当を言うと、映画評の連載第1回目だし強烈にクサしたかったんですけど、編集部が映画を選んでくる順番を間違えました。

だから採点の星取り表は、10点満点で10点。でも、多分満点はもう出ないでしょう、最初で最後。やっぱり、これをクサしたらバカですよ。世間でいいとされてるものをクサすことで、自分がもっと上の存在だみたいに思わしたがる人もいるけど、いいもんはいいと認めんかったらウソでしょ。自分が恥ずかしい思いをするだけです。

もちろん最初から最後まで全部いいってことはあり得ない。最初の10分くらいは、「これはエライもん見させられたぞ。香港映画の『Mr.Boo』みたいなイヤなノリやなあ。これでずっといかれたら、途中で見るのやめたろ」と思ってました。

でも、主人公が結婚して子供ができたあたりから、「ん?これ、もしかしたらいいかも」って思い出して、そこから先はもう完璧でしたね。見終わると、最初の香港のコメディ映画みたいなところも、主人公のキャラクターを教えるためには致し方なかった、なるほど、と思いましたね。

だいたい子供が出てくる映画って、ほとんど100%、大人は子供に食われてしまいますよね。この映画は、そうじゃない。子供を前面に押し出すんじゃなくて、「小道具」として使ってる。主役の大人(ロベルト・ベニーニ)が「おいしいとこはオレが全部持っていくで。子供はしょせん子供や」ってところが、よかったですね。この子役(ジョルジオ・カンタリーニ)は、大きくなって映画を見直した時に、「オレ全然おいしないがな」と思うでしょうね。

その逆が『ホーム・アローン』で、これは僕の中ではかなり最低の映画です。もし、子供が大人を撃退するところがずーっとネタふりで、最後に大人にピストルで撃たれて蜂の巣にされたらおもろい映画になったと思うんですけどね。『ライフ・イズ・ビューティフル』は『ホーム・アローン』とは対照的な描き方で、大人が子供に食われてないとこがすごい。

ただ、パンフレットに載っている撮影現場での写真(注・サングラスをかけた監督が演出している横で、子役がディレクターチェアに座っている)は失敗ですね。こんなん見せられると、映画を見た後のいい気分が一気にさめますよ。せっかく子供が純粋無垢に描かれてたのに、写真ではすっかり大人の顔をしてますからね。なんの意図があって、こんな写真を載せてるんでしょうか。そういうとこの配慮は足りませんね。

ロベルト・ベニーニにはちょっと「嫉妬」した

ボクは他人がつくったものに対して、それがどんなジャンルにせよ、「嫉妬」っていうのはほとんど感じないですけど、この映画の後半には正直ちょっと嫉妬しました。クソッ、やられたなって感じです。

父子がナチスの強制収容所行きの列車に乗せられる時に、父親が子供に「これから旅行に行くんだ、楽しいだろ」みたいなつくり話をするシーンは、僕がめざしている「笑い」の境地に近いものがありますね。客にしてみたら、笑っていいのか、泣いていいのかわからんとこ。笑いと泣きの比率が6対4みたいな微妙なバランスですよ。

あのシーンなんかは、劇場で客の反応を見てみたいなあ。まあ多分、誰も笑わないでしょう。「これ、笑っていいのかな?」みたいな、みんな困ってしまう雰囲気じゃないですかね。僕は、思わず笑ってしまいましたけど。「アホやな、このオッサン。必死か、オマエ」って(笑)。

このシーンあたりから、けっこう映画の世界に引き込まれて、それで父子が強制収容所に入れられ、ドイツ兵が訓示に来た時に、父親がとっさに通訳になりすましてしまう場面でツボに入ってしまいました。

ドイツ語の訓辞を父親が勝手にイタリア語に翻訳するシーンは、この映画の中で一番よかったですね。映画で笑ったのは久しぶりで、「くそー、おもろいやないか、笑ってもうたぞ、ボケー」みたいな。ドイツ兵の役者もちょっといいんですよ。

考えてみると、この場面はドイツ語だからよかったんですね。ドイツ語の語感って、そのままで怒ってる。あれが、たとえばフランス語だとしたら、イマイチ感じが出ない。それと字幕をつけた人も、センスがよかったんじゃないですか。僕はドイツ語はわかりませんが、無駄なセリフはなかったと思うし、字幕が出る間もよかった。

ラストもごっつあっさり描いてる。押しつけがましくないところが、またいいですね。よう考えたら、このオッサンは1人でバタバタしてたけど、あんなことせんかったら、殺されずに済んだわけやから、おかしいのはおかしいんですけど(笑)。

主演、監督、脚本の3役をやったロベルト・ベニーニは、イタリアでは有名なコメディアンだそうですが、僕は知らなかった。戦争を題材に笑いと涙、というのはチャップリンを意識したのでしょうかねえ。

この脚本のアイデアを思いついたら、誰であれ、映画を撮らざるを得ないでしょう。

映画は本来そうあるべきもので、こういうのを表現してみたいという思いが先にあって、それでメガホンを手にせんといかんと思うんです。でも、ほとんどの映画はそうじゃないでしょう。映画監督という職業が先にあって、何年かに1回メガホンを握らんといかんから撮るみたいな感じでつくられてる気がします。順番が逆なんですね。それが悪いとは決して言いませんけど、本来の姿ではないんじゃないかと。

ロベルト・ベニーニの監督作を見るのは初めてですが、今回がすごくよかったからといって、次回作に期待しようとはあまり思わないですね。ある作品がすごくよかったので、同じ監督の違う作品を見たら、「なんや全部一緒やん」となって、肩透かしをくうことがたまにありますから。

大きな身振りで、機関銃のようにしゃべくりまくるという演技でしたが、ほかの作品でも同じことをやってるなら、今回のは演技じゃなくて、持ちネタですから。それでも好きな映画のベスト5に入りますけど。

それにしても、残念なのがタイトルですね。『ライフ・イズ・ビューティフル』はイタリア語の原題を英語に直訳したものだそうですが、いかにも感動を誘ってるという気がして嫌ですね。アカデミー賞を何も獲っていなくて話題性がなく、それでビデオ店の棚にこのタイトルでポンと置いてあったら、僕はまず借りません。

あまり活躍しない母親はなんのために出てくるのか？

違うタイトルをつけるとしたら？　うーん…『ナントカ愛』になるかな。ちょっと、いい表現が浮かばないですけど。

要するに、この父親の子供に対する愛情が、普通と違うんですよ。行き過ぎてるんです。子供をかわいがるがゆえに、世の中全部を嘘の世界にしてしまう。子供に対する愛情の量は一般の父親と同じなんですが、愛情の発射位置が違うというか、真っ直ぐじゃない、ひねった愛なんです。

母親にしても、父親の曲がった形の愛情を、よりはっきり浮かび上がらせるために出てくるようなもんですから。志願して強制収容所行きの汽車に乗ったわりには、その後なんの活躍もないし。母親が途中からいなくなっても、ストーリー上は支障ないわけでしょう。だから母親は「普通の親の場合は…」というネタふりですよ。「普通の親」をちゃんと描くことで、父親の子供に対する愛情の方向が普通とはかなり違うことをくっきり見せるという図式ですね。

子供をダマしとおせるのなら、自分はまわりから頭がヘンだと思われても全然平気やという行き過ぎた父親の愛情。それが、この映画の芯やと思うんですけどね。

ライフ・イズ・ビューティフル ★★★★★★★★★★

99年アカデミー賞主演男優賞、外国語映画賞受賞の家族愛ドラマ

イタリアの人気コメディアンであるロベルト・ベニーニが監督・脚本・主演の3役を兼ねたイタリア映画。ナチスの強制収容所という極限状況下でも夢と希望を失わず、想像力を駆使して家族を守り抜いた男の悲喜劇だ。

ストーリー

1939年、ユダヤ系イタリア人のグイド(ロベルト・ベニーニ)はトスカーナのある街にやってきて、小学校教師のドーラに恋をする。2人は結婚して息子が生まれ、幸せな家庭を築く。だが戦争の色が濃くなり、家族はナチスの強制収容所へ。そこでグイドは家族を守るために…。

1998年 イタリア映画
監督／ロベルト・ベニーニ
出演／ロベルト・ベニーニ、ニコレッタ・ブラスキ、ジョルジオ・カンタリーニ
1時間57分／アスミック、東芝デジタルフロンティアよりDVD発売中(4700円)

菊次郎の夏

たけしさん、本当にこの映画を撮りたかったんやろうか?

99年7月

『菊次郎の夏』を見て思ったのは、たけしさんは本当にこの映画を撮りたかったんやろうかということです。

この前、テレビで『知ってるつもり!?』を見てたら、黒澤明監督のことをやってて、黒澤さんの「映画はつくるもんじゃなくて生まれてくるもんや」という言葉があったんです。「そらそうや、やっぱりオッサンええこと言うとるわ」と思ったんですけど、ホンマにそうですよね。

北野武監督の一ファンとして言わしてもらえば、たけしさんには「ホンマにこれが撮りたい」と思うものが出てくるまで新作を撮ってほしくなかった。1~2年ごとに撮らんといかんことはないし、5年くらい間があいてもいいじゃないですか。

今度のを見てたら「これが撮りたい」じゃなくて、「次は何を撮ろう」というところから始まってるのが、なんとなく感じられる。あらかじめスケジュールが決まっていて、撮らんといかんから撮ってしまったんやないかと思えてしまうんですよ。

僕が好きな北野作品は『その男、凶暴につき』『ソナチネ』『キッズ・リターン』です。これらの作品では、たけしさん自身が外に向かって、何かすごい攻撃的なものを放っていたような気がするんですね。攻撃的といっても暴力シーンが多いという意味ではなくて、気とかエネルギーみたいなもんがあふれてるということですけど。

『菊次郎の夏』では、それが伝わってこなかった。だから採点の星取り表も10点満点で3点です。前の『HANA-BI』がベネチア国際映画祭で賞を獲ったりして、すごい評価が高かっただけに、まだそれをひきずってるという感じがしましたね。

いろんな面で、けっこう前作とかぶってるじゃないですか。役者陣にしても、ファミリーみたいになって。それが悪いとは言わないですけど、僕は映画ってそういうもんとは違うんじゃないかと思うんです。それやったら、寅さんと同じになる気がして、あんまり好きじゃない。

たしかに僕がコントをやる時も、一緒にやるのは今田や東野といった同じ顔ぶれになってしまいます。でも、それは笑いをつくる上で呼吸とか間のことがあるから、ある程度しようがないんですよ。彼らなら、僕がやろうとしていることを言葉にしなくてもわかってくれるから。極端な話、台本がなくてもできますから。

でも、映画はそうじゃないところでもできる世界やと思う。前作があれだけ評価されたからこそ、今度はもっともっと攻撃的なものをつくってほしかったですね。

評判になった『HANA-BI』ですけど、僕は北野作品の中ではそんなに好きじゃないですね。たしかに一般受けしそうという部分では、あの映画が一番そうなんかなとは思いますけど、一ファンとしてはちょっとねえ……。

ミュージシャンの曲でも、ヒットチャートで1位になったものって、コアなファンは意外に好きじゃなかったりするじゃないですか。それより、あのアルバムの4曲目が一番好きとかね。でもそんな曲は絶対にシングルカットされへんかったりする。まあ、北野作品に対する僕の意見もそれと同じようなもんで、ちょっと普通じゃないかもしれません。

まず絵日記を見せる手法はおもしろい。映像の倒置法ですね

『菊次郎の夏』でおもしろいと思ったのは、エピソードごとにまず絵日記を見せておいて、それから話を進める手法です。オチを最初に見せるわけだから、映像の倒置法ですね。しかも描いた絵じゃなくて、実写に文字をかぶせて、映像で絵日記を表現している。こういう映像の遊びは、きっと前の作品が賞を獲ったことで、余裕を持ってできるようになったのかなと思います。「今回からはちょっと遊ばせてもらうよ」というニュアンスは伝わってきました。

『HANA-BI』で、たけしさん自筆の絵がたくさん使われていておもしろかったじゃないですか。だからといって今度も同じような絵ばっかりだったら「もうええで」となるけど、違うことをしてきた。そこは、さすがだなと思うんです。

でも、その割には、しつこいようですけどキャスティングがあんまり変わってない。これぱっかりは「映画を撮ったこともないのに偉そうに言うな！」と言われたら、終わりですけどね。

子供のキャスティングはちょっとおもしろかったです。ものすごくありがちな日本人の子供の顔で、オッサン顔でしょ。『母を訪ねて三千里』みたいな話にするんだったら、普通はもっとかわいい子を選びますよ。でも、そうすると客の目が子供にばかりいってしまいますもんね。あえてそうならないように狙ったんでしょう。意図的なキャスティングですね。

全体的に笑いの部分がけっこうあったけど、僕はちょっと多すぎるかなと思いました。特に中盤は邪魔になりました。笑いのパターンもそう多くなかったし。

僕がお笑いをやる時に一番気にするのは、何種類くらいのパターンを入れられるかということです。映画の場合はまた別物やと言われたらしょうがないですけど、どうせだったらいろんな種類の笑いを入れてほしかった。

ただ、海外での公開を強く意識したというのなら、こういう笑いのもっていき方もわからないでもない。いわゆるツッコミもないし、ビジュアルの笑いですよね。ツッコミというのは要するに言葉で笑わすということですから、そうじゃなくて言葉のわからん人を笑わそうとした場合には、こうなるでしょう。それゆえパターン化してしまう。だから日本人が見ると、それほど笑えなくて、この話に笑いの要素がこんなに必要なんかなあ、と首を傾げてしまう。

そのへんも、前作が海外で評価されたことをひきずってると思えてしまうとこですね。「これをつくりたい」という自分の思いよりも、見る人のことを先に考えてつくってしまったように感じるんです。

北野映画のよさがわからん日本人ははっきり言ってアホ

それにしても、たけしさんの映画がまず海外で評価されたのは寂しいですね。日本ではずっと客が入らなくて、『HANA-BI』がベネチア国際映画祭で賞を獲ったとたんに大入りになったんでしょ。もう日本人はどうしようもなくアホですね。はっきり言って、1人の賢いやつが200人くらいのアホの面倒をみてるような状態ですよ。こればっかりはしようがないです。

それでも、僕のやってる笑いもそうですけど、すぐにはわかってもらえなくても今やっておかないといけないことって、やっぱりあると思うんです。

たとえれば宇宙旅行の実験みたいなもんで、スペースシャトルにしたって、この10年や20年でどうなるもんでもない。僕らが生きてる間に自由に宇宙旅行ができるようにはならないでしょうけど、孫やその孫のために税金を使ってやってる。

たけしさんの映画にもそういう面があると思う。未来の客のためにつくっているようなもんですよ。映画はずっと残りますからね。それだけに、1作1作をもっと大事に撮ってほしい。タレントの仕事が第一にあるわけやから食うに困ることはないし、もっとじっくりやってもええんちゃうかなあと思うんですけどね。

過去の北野作品採点表

タイトル	公開年	採点
その男、凶暴につき	1989	★★★★★★★☆☆☆
3-4×10月	1990	見たけどあまり記憶にないので★つけられず
あの夏、いちばん静かな海	1991	★★★★★★☆☆☆☆
ソナチネ	1993	★★★★★★★☆☆☆
みんな〜やってるか！	1995	未見のため★つけられず
キッズ・リターン	1996	★★★★★★★★☆☆
HANA-BI	1998	★★★★★☆☆☆☆☆

菊次郎の夏

★★★☆☆☆☆☆☆☆

たけし版〝母を訪ねて三千里〟のロードムービー

勝手気ままに生きてきた大人になりきれない主人公・菊次郎が、9歳の少年正男の母親探しの旅につきあう道中で様々な事件や人に出会い、成長していく。浅草から豊橋までの往復600キロの行程を描くロードムービー。

ストーリー

小学3年生の正男はおばあちゃんと2人暮らし。父は交通事故で亡くなり、母は遠くで働いていると教えられている。夏休みになってもすることがない正男は、愛知県豊橋市にいるはずの母に会いにいこうと決心する。この旅に遊び人の菊次郎（ビートたけし）がつきあうことになって…。

1999年　日本映画
監督・脚本・編集／北野武
出演／ビートたけし、関口雄介、岸本加世子、吉行和子、細川ふみえ
2時間1分／バンダイビジュアルよりDVD発売中（5000円）

バッファロー'66

好き勝手に撮ってるボケやけど、ちょっとおもろいかな

99年8月

この映画で監督、脚本、主演、音楽を全部1人でやってるヴィンセント・ギャロというのは、ホンマにワガママなやつです。もう自分のやりたいように、好き勝手に撮って…でもまあ、ちょっとおもろいやないかオマエ、って感じですね。

話自体はなんてことない。刑務所に入ってたワルが5年ぶりに釈放されて、故郷のバッファローに帰ろうとするんですけど、その途中で見つけたオンナを自分の妻やということにして、無理矢理一緒に連れていく。そのうちに仲良くなって…というありふれたストーリーですよ。

おそらく最初にストーリーの大枠をつくって、そこからどれだけ壊して、遊んでいけるかってつくり方やったと思うんです。それは非常によくわかるんです。

たとえば、家族が4人掛けの食卓を囲むシーンでは必ず誰かの見た目から撮っていて、画面では常に

3人の姿しか映らなかったりとか。あるいは、主人公の回想シーンでワイプ処理がどんどん入ってきたりとか。こういった奇抜な手法は、僕もコントでわりと使うんですよ。どうしても必要かといわれたら、別に必要じゃないんですけど、奇をてらったことがしたい時がたまにあるんです。

だからこのボケも、遊んでるんですね。好き勝手なことをやってるだけ。でも、そこがいいな、と思いました。映画って監督のもんやといわれてるけど、この映画はまさにそれです。

ラスト近くに出てくる、人が撃たれて血が飛び散った瞬間のストップモーションみたいなシーンも、あれが撮りたいというだけで撮ったとしか思えない。あの血が固まってる感じを、どうしても出したいっていう。だから監督のワガママとしか言えないですよ。「こんな絵を撮りたいねん」っていう思いの寄せ集めでできた映画のような気がしますね。

「この映画、もしかしたらおもしろいんちゃうんか」というのは、始まってすぐに思いましたね。冒頭で、刑務所から出てきたばかりの主人公が便所を探しまわる。最初はウンコをしたいのかなあと思って見てたら、なんのことはない。立ちションを絶対にしたくなかっただけなんですね。

なんや、ムショを出たばっかりのワルそうなヤツが、立ちションくらいでなんでまた…って思って見てたら、おかしくなってきて。オマエ、ものすごいナイーブなワルやないかって。だから、いいつかみでしたよ。僕がもし監督やったら、立ちションでもうチョイ引っ張りますけどね。

それにしても、コイツは何者なんでしょうか。あとでオンナと一緒に風呂に入るのが絶対嫌やというシーンも出てくるし。チンコ見せたくない病ですよね。まあ、そういうところに、女はセクシーさを感じるのかもしれないですけど。

だから、これは男好みの映画に見えて、意外と女心をくすぐる映画じゃないですか。ヴィンセント・ギャロのワイルドさというのは、もちろん男にもうけるんですけど、どちらかといえば女が好きなタイプ、いわゆるキュートってやつですよ。

あと、コイツのしゃべりね。何回も同じことを言うでしょ。僕は英語はよくわかりませんけど、あのニュアンス。絶対に2回繰り返すみたいな。あれが、見てるとだんだんおもしろくなってくるんですよ。2人が故郷へ向かうドライブの途中でかわす会話のあたりからね。あのへんもよかった。自分で脚本も書いてるみたいやけど、実際はほとんどアドリブで、ちゃんとした台本はないのとちゃうかなあ。

アメフト狂の母親はギャグなのか？　普通なのか？

相手役の女優（クリスティーナ・リッチ）は、最初はものすっごい下半身の女が出てきたなあと、びっくりしました。でも、見終わると全然オッケーでした。

ボーリング場で、この娘の周りが暗くなって突然タップダンスを踊り出すシーンなんか、すごく自然だったし。僕は映画の中で登場人物が歌い出したりするのってダメなんです。きっと日本人にはあまり受けつけられへんとこやと思うんですけど、急にミュージカルっぽくなるのは。

でもボーリング場での音楽の入れ方は、全然嫌悪感がなかった。その前にも、主人公の父親が、この娘のために歌ってあげるシーンがあるんですけど、そこも全然いけてました。なんでこんなに自然に入れるんかなあ、って驚きましたね。

この女と主人公の男の2人が証明写真を撮る場面なんかは、もう「くり抜きコント」ですよ。特にオチのないね。

ラストは大甘でしたけどねえ…でも、ちょっと好きかなあ。

ただ、母親の描き方なんかは、僕にはちょっとわからない。めっちゃフットボール狂で、一日中テレビを見て地元バッファローのチームを応援してる熱狂的なファン。そのチームが最後に優勝したのが1966年で、ちょうどその日に息子を生んだばっかりに歴史的瞬間を見逃してしまって、それで息子に対して複雑な感情を持っている。

これがギャグなのか、それともあのへんの地方では普通なのか。そこは日本人の僕らにはわからんところです。これが大阪の家庭のオバハンが阪神を応援してるみたいなもんやったら、もうギャグですよ。そんなオバハンおれへんわ、ってことじゃないですか。でも、あっちではホンマにそうなんかもしれへんから(笑)。もちろん、ちょっといってしまってるオバハンやということはわかるんですよ。けど、それ以上はやっぱり理解できない。

父親のほうもちょっと変わってて、まあ主人公の家庭の描き方は、いろいろ解釈できるんでしょう。けど、僕は意外にあまり深いとこまで考えて撮ってないような気がするんです。あんな場面をやりたかった、みたいな。ちょっとヘンな、あったかいもんじゃなくて、よそよそしい空気感を出したかったんだと思いますよ。この人はそれが好きなんでしょう。

とにかく、久しぶりに2～3回は楽しめる映画でした。タランティーノ監督のいいところを、より濃くしたみたいな感じでしたね。

採点は10点満点の7点。8点にしたら、やり過ぎです。好き勝手に遊んでる分ちょっと引いてあります。遊んで高く評価されたらあかんでしょ。

過去の映画をネタフリにしてそれを壊したやり方ですね

それと、この映画でひとつ断言できるのは、過去の映画をネタフリにしてるみたいなとこがあるんです。

ごく普通のシーンを、いかにしてこれまでの監督がやらなかった手法で撮るかということを、すごく考えてつくった映画のような気がします。長い映画の歴史のフリをつぶすやり方なんです。

それは僕もコントをつくる時に使う手なんですけど、要するに消去法ですよね。誰もまだ足を踏み入れてない、あいているスペースはどこかと探しながらモノをつくっていくというスタンスです。

この映画のからみのないベッドシーンにしても、ものすごくハードなベッドシーンの映画が話題になったりするから、すごく新鮮に見えてしまうわけでしょ。全体の安っぽい感じも、何十億円もかけてものすごいセットや特撮でつくるハリウッドの大作映画が存在してるから、「こんなチープなアメリカ映画もいいなあ」と思えてくる。逆にずーっとこんなんばっかり見せられてたら、たまにハリウッド映画を見たら「うわー！すごいなあ」ってなるでしょ。

だから「ないこと」をいっぱい寄せ集めたら「あるもん」になったみたいな感じがするんです。すでに存在している映画という基盤があったからこそ壊せたみたいなところがあって、卑怯という言い方がいいかどうかわからないけど、ちょっと罪な映画ではありますね。

バッファロー'66

★★★★★★☆☆☆

監督・脚本・主演・音楽を1人でこなしたラブストーリー

俳優、ミュージシャン、画家、カメラマン、モデル、バイクレーサーなどニューヨークでマルチに活躍するヴィンセント・ギャロが初監督した米インディーズ映画。渋谷のミニシアターで記録的ヒットとなった。

ストーリー

5年ぶりに刑務所から出所して故郷ニューヨーク州バッファローに帰ることになったビリー(V・ギャロ)は、母親との電話で女房を連れて帰ると約束してしまう。ビリーは通りすがりのレイラ(クリスティーナ・リッチ)を脅迫して、妻のふりをさせて故郷まで連れていくことに…。

1998年 アメリカ映画
監督・脚本・音楽／ヴィンセント・ギャロ
出演／ヴィンセント・ギャロ、クリスティーナ・リッチ
1時間53分／カルチュア・パブリッシャーズよりDVD発売中(4700円)

スパイシー・ラブスープ

中国新世代映画に期待するも、あまりに古臭くてがっかり

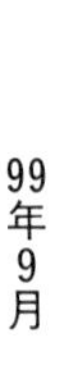

99年9月

『スター・ウォーズ／エピソード1』がヒットしてるみたいですね。僕は、ああいうCGばっかり使った映画にはあまり興味がないですけど、それよりすごく悲しかったのは初日に見に行ってた奴らのことですよ。

スター・ウォーズの登場人物の格好して映画館の前に並んでたのがいたでしょ。ああいうの見ると、ホントに情けないですね。

奴らは、『スター・ウォーズ』がアメリカで話題になってなかったら、絶対に見に行きませんよ。コスプレして映画館に来るということ自体でマネをしとるんやけど、それがまたアメリカ人がやってたことのマネで、二重マネですもん。自分の意志がなくて、洗脳されとるんです。

彼らは映画を見終わったら、絶対に「おもしろかった」と言いますからね。そりゃそうでしょ。わざわざあんな格好して見に行って、「おもしろなかった」って言うたら、つじつまがあわんからね。あの格好で行ったことが絶対無駄じゃなかったってことを立証するために、「おもしろかった」って言いはらんと。内容はどうあれ、見る前から「おもしろかった」って言おうと思ってますよ。

でも、そんなんおかしいでしょ。なんで自分の目で映画を見ないのかなあ。ほんまに困りもんですね。

今月の映画は『スパイシー・ラブスープ』という中国映画です。これは、見る前はけっこう期待してたんです。

中国映画なんてあまり見る機会もないし、監督も29歳と若い。それで宣伝のパンフを見たら、昨年冬に北京の映画館で『タイタニック』と肩を並べる大ヒットをしたと書いてある。ちょっとでも新しいもんを見せてくれるかな、と思ってたんです。

そしたら、やっぱりというか、しょせんというか、中国やなあって感じでしたね。映画の感覚として相当遅れてますよ、これをつくった人は。

ふる〜い日本映画、そう、10年くらい前の角川映画を見てるみたいでしたもん。最近、深夜なんかにテレビでよくやってますよね、薬師丸ひろ子とかが出てるやつ。全くあんな感じです。だから、これも10年くらい前の話なのかと思ったら、カレンダーは1997年になってるし、携帯電話なんかも出てくる。やっぱり今の時代を描いてるんか…としたら、えらい古臭い感覚やと思いましたね。

世代が違う5組の男女の話で、オムニバスのラブストーリーです。まず、それからして卑怯ですね。『トワイライトゾーン』みたいな題材ならオムニバスの意味もあると思うけど、この手の恋愛ものでオムニバスにするというのは、結局、ひとつのテーマでよう引っ張らんだけやないかと思ってしまいますから。1組のカップルの話で最後までもっていかんとね。

ドアタマのシーンにしても、まず真上から鍋を大映しにして、それで引きに入るというありきたりのカメラワークで、もうええって、ふるーう！　と思いましたね。

なんでもその鍋が「麻辣湯（マーラータン）」といって、麻と辣の2つの味のハーモニーを味わう四川の鍋料理のことで、原題の『愛情麻辣湯』もそこからつけてるようなんです。それを『スパイシー・ラブスープ』という邦題にしてるんですけど、このタイトルもよくわからんですね。

5番目のエピソードで、ヒロインが高層アパートに取り囲まれた場所の真ん中に立ちすくんで、戻る家を見失ったまま途方に暮れるというシーンがあります。そこなんかも、青いっちゅうか、こんなんもあるんとちゃう？　みたいな感覚で撮ってるだけでね。意図が感じられないし、何が言いたかったんでしょうか。

お前に愛を教えてもらわんでも、みんな知っとるって

音楽も、入っていけないものがありましたね。香港や台湾、中国の最新ポップスを使ってるんですけど、メロディは洋楽風なのに中国語で歌ってて、ホントに昔の角川映画ですよ。きっと外国人が当時の角川映画を見たら、音楽の入れ方でもなんかヘンな感じがすると思うんですけど、まさにそれと同じです。

もし、この映画を見ておもしろいと思った人がいるとすれば、それは洋画というかアジア映画という

先入観があるから、まだ珍しく見られただけやと思うんです。これが日本映画やったら絶対におもしろくないって言うてると思いますよ。

中国映画にしては新しいタッチかもしれんけど、そんなん普通の人が映画を見る時には関係ないですから。中国映画やからって採点が甘くなるようでは、さっきの『スター・ウォーズ』を頭からいいと思いこんで見に来てるアホな奴らと、結局は同じことですよ。もっと自分の目を信じてほしいですね。

まあ、2番目のエピソードの年寄りの話はちょっとよかったですけど。テレビの結婚相手募集番組をきっかけに知り合った4人の年寄りが、マージャンをするうちに打ち解けていくってやつです。ほのぼのとしたし、そんなに悪くない。

でも、それが若い監督がやることかといえば、どうでしょうか。若い監督のくせに新しいものが何もなくて、唯一よかったところは年寄りをちょっとうまく描いてるというね…。なんか肩すかしでした。

これをつくった人は、男と女の間にはいろいろあるよという、まあ「愛」を語りたかったんでしょう。でも、この映画が語ってることくらいみんな知っとるっちゅうねん、みたいなとこなんです。

中国の若い人はどうか知りませんけど、少なくとも欧米や日本の若い奴らだったら、もうわかりきってるような男女のことを、もういっぺん描いてるだけのことでね。お前にそんなん教えてもらわんでも、とっくの昔にわかっとるって。

そういうことを、わざわざ時間とカネをかけて映画にしてね。それを中国の国内で見せるのはまだいいとしても、なんで国の外に出すんやねん！　という罪な映画です。

あとはなんやろ、映画を見終わって一番強烈に思ったのは、お前らのメシはなんで取り皿がないねん？

ってことかな(笑)。出てくる人は、みんな御飯の上におかずをのせて食べてましたけど、どうして取り皿を使わないんでしょうか。まあ、そのくらいしか印象に残らなかったですね。

指定席で映画を見ると、すごく腹が立つことがある

この映画のことはそのくらいにして、前からいっぺんはっきり言うとかないかんと思ってたことを書いときましょう。

僕は、映画館で映画を見る時、人気がある作品はよく指定席で見るんですけど、その時すごく腹が立つことがあるんです。

指定席なんて2500円くらいして高いもんやから、そんなに満席にはならへんのに、東京の人たちって、絶対に言われた番号のところに座るんですよ。

こないだも、僕の横にいきなりゴッツイ奴が座ってくるんです。窮屈やなあと思ってフッと周りを見たら、指定席はガラガラ。その中の一列だけ客が座ってて、なんや串みたいになってる。

大阪だったら、そんなことは絶対なくてそれぞれ空いてるとこを見つけて、うまい具合に散らばるようになります。どうして東京の人は、わざわざ高い金を出して、窮屈な思いで映画を見てても平気なんでしょうか。僕は絶対、言われた番号の通りなんか座りません。

それは新幹線の指定席なんかでもそうですよ。いくらでも席はあいてるのに、オッサンが横に座ってくる。どっか行けよ！　と思うけど、オッサンは絶対動きませんからね。僕がどっかに行くしかないん

です。わざわざ窓際のいい席を離れてね。

そのへんの要領の悪さというか、応用のきかなさっちゅうのは、何なのかなあ。ああいう奴らは、映画を見てもどういう評価をしよるんかなあって。

指定席のあの座り方を見た時点で、もう大した評価をできへん奴らやなって思ってしまうんですけどね。

スパイシー・ラブスープ

★★☆☆☆☆☆☆☆☆

北京で『タイタニック』と人気を二分する大ヒットとなった中国映画

現代の北京を舞台に、世代が違う5組の男女の恋愛を描くオムニバスものラブストーリー。最新アジアンポップスが全編を流れるMTV感覚の映像とストーリーが、中国で若者に支持され大ヒットした。

ストーリー

レストランで人気の鍋「麻辣湯（マーラータン）」をつつく結婚間近の恋人。彼らを狂言回しとして、5組の男女の恋愛が描かれる。エピソード1は少年と少女の「声」、2は年寄りの「マージャン」、3は倦怠期夫婦の「おもちゃ」、4は離婚夫婦の「十三香」、5は恋愛カップルの「写真」。

1998年 中国映画
監督・脚本／チャン・ヤン
出演／リュイ・リーピン、プー・ツンシン
1時間49分／ポニーキャニオンよりDVD発売中（4700円）

シンプル・プラン

観客に意地悪するような字幕の出し方はやめてほしい

99年10月

まず映画会社の人にお願いなんですけど、『シンプル・プラン』みたいに雪のシーンが多い映画で、白字の字幕は絶対やめてほしいですね。読みにくくて、配慮が足りないというか、意地悪ですよ。

でも、こういうことはよくあって、一番ひどかったのは『スモーク』です。煙のたちこめてるシーンが多いのに、そこに白字で字幕を出しても読めないですよ。ほとんど何を言ってるかわかりませんでした。だから映画もおもしろいと思わなかったですね。ちゃんと字が読めれば、もうちょっと感じられたものがあったかもしれないですけど。

そういうことを思ってるのは、絶対僕だけじゃないはずです。けど、普通の人は発言する場もないし、「まあええか」で先送りにされてる問題ですよ。困ったことです。

で、この『シンプル・プラン』ですけど、前半まではまあまあ見られたんです。ちょっとおもしろいのかなあとも思いました。

平凡な3人の中年男が、雪の日に林の中で大金と死体を積んだ墜落機を見つけて、そのカネをネコババしようとしたことからいろんな出来事が起こるという話です。

主人公の語りから入っていくという、わりと僕の好きなタッチで、アメリカの田舎町の狭い範囲での出来事で、登場人物も少ない。そういうところは嫌いじゃないんです。でも、この手の映画って、やっぱり最後に近づくにしたがってアラが見えるというか、「なんでそうなるの？」という疑問がものすごく湧いてきますね。

その墜落機というのは、実は誘拐犯に支払う身代金を運んでいたセスナで、それが落ちたために金を手に入れそこなった犯人が金を取り戻そうと、FBIに変装して田舎町の警察にやってくる。それで主人公に墜落現場まで案内しろと言うんですけど、そのあたりからもうメチャクチャ。

まず、そんな簡単にFBIに変装できるワケがない。しかも主人公の嫁は前日から、そのFBIは怪しいと気づいていて、「行くのはやめろ」って強く止めてるのに、なんで主人公はわざわざ出かけて行くのか。それに、協力を頼むと言われても「そんなん嫌や」って断ったらいいだけのことでしょ。強引な展開で入っていけないですよ。

そんな細かいとこは気にしたらあかんのかなあとも思うけど、やっぱり気になるでしょ。『ターミネーター2』で、エレベーターのドアに手をはさまれるシーンがあって、誰かが「今どきのエレベーターなら扉が手にあたったらすぐ開くはずや。そんなことはありえへん」って言ってたけど、そんなんは別にええやんと思うんです。アクション映画を見てて、そんなこと言うのは、重箱の隅をつつくようなもんやと。

　でも、こっちは心理ドラマが売りなわけやから、そこはちょっとゆずれませんね。人間の感情の問題として、なんでそういう行動をとるのか理解できない。

主人公の嫁のセリフは泣けた。B・フォンダも満足でしょう

　あと、この手の映画って、よく拳銃が出てくるんですけど、アメリカでピストルが日常生活の中でどういう位置にあるのか僕にはいまいちわからん。だから入っていけない部分もあると思いますね。

　主人公は、相手が偽のFBIだとはっきり気づいた後で、警察に置いてあった拳銃を盗んで、隠し持って犯人について行く。だったら、「なんで最初から拳銃を持ってないねん！」と思ってしまうんですよ。拳銃くらいすぐに用意できる国なんやろと。

　しかも主人公は、拳銃にあう弾がどれだかわからないから、目の前にあったいろんな種類の弾をバーッとつかんで持って行く。それで犯人と対決する段になって、あう弾が見つからなくてアタフタしてる。道中でトイレに寄るなりして弾を先に探しとけよ！　自分から火の中に入るようなことばかりしとる。わけがわからん映画ですよ。

　いずれにしても、この程度のことならわざわざ映画にするもんじゃないですよ。テレビドラマで十分。

　というわけで、採点は★2つ。映画だけなら★3つやけど、字幕が最悪だから、ひとつ減って2つです。

　この映画で唯一いいとこがあるとすると、主人公の嫁のセリフですかね。犯罪にからんだカネで、誰

にも迷惑かけないんだから着服しなさいとそそのかすんですけど、その時に泣かせることを言うんですよ。

「特別な日にレストランでディナーを食べても、前菜とスープを我慢して、メインデッシュだけ注文して、デザートは家で食べる。そんな生活はもうイヤ」

いいセリフでした。お前ええこと言うなあ、わかるわあ、と思って泣きそうになりました。たぶんブリジット・フォンダも、一番力が入ったんじゃないですか。最初にバーッと台本読んで、「このセリフは気合い入れよう。あとはどうでもええわ。どうせクライマックスでは出番ないし」って考えたと思いますよ(笑)。

もう1本もネコババものです。『ウェイクアップ！ネッド』というイギリス映画。アイルランドの小さな村で、ネッドというじいさんが12億円相当の宝くじに当たって、ショック死してしまう。で、身よりのないネッドの賞金はそのままだと国に没収されるので、52人の村人が団結して宝くじ調査員をだまして、賞金をネコババしようとする話です。あるじいさんがネッドになりすまして、調査員をあざむくんです。

不親切だと思ったのは、その賞金をもらう手続きというか、仕組みを最初にちゃんと描いてないことですね。日本だったら、そんな面倒なことをする必要ないですよね。「死んだネッドからもらったくじや」と言えばすむことでしょ。そのあたり、どうして本人の確認が必要なのか説明してくれてもいいと思うんです。お前の国のやり方が世界共通やないで！

だから、必死になってネッドになりすまそう、ばれないようにしようとするところが、どうも入っていけなかったですね。

それと、最初はコメディかなと思って見てたんですけど、そういうタッチでもないんです。たしかに途中までは、いい感じで描けてるんです。子供のころのままで、大人になりきれないじいちゃんたちのかわいいところがね。だから★は5つです。

ルール違反は嫌いじゃない。けど、これはマナー違反です

でも、そのまま憎めないやつらやなあで終わったらええのに、最後でばあちゃんを殺してしまったとこがねえ…。

そのばあちゃんというのは村の嫌われ者で、詐欺を通報すれば10%もらえるというので宝くじ調査員に告げ口しようとするんです。それで電話ボックスに入るんですけど、そこに神父さんの車が突っ込んできて、ばあちゃんが電話ボックスに入ったまま吹っ飛んで地面に叩きつけられてしまう。

これは笑えないというか、愛がないというか、引いてしまいました。このばあちゃんはそんなに悪いかなって。もちろんゼニ目当てではあるんですけど、とりようによってはウソはいかんという正直者なわけですよ。それを何で殺すかな。しかも全然話と関係ない神父の手で。そこをおもしろいとは、僕には思えなかった。だからこれはコメディ映画じゃないですね。

映画全体のノリは決して悪くないのに、最後に毒気を出したかったんでしょうか。でも、ばあちゃんを葬りたいなら、せめて電話ボックスがポーンと空中に跳ねたところで終わらないと。それを地面に落

ちるところまでカメラが追うなんて悲惨ですよ。僕はルール違反は嫌いじゃないけど、この終わり方はマナー違反ですよね。
それと、また字幕のことですけど、当たった賞金が689万4620ポンドって出てくる。ショック死するほどの額ってなんぼやろと思ったけど、日本円でどのくらいなのか全然わからない。約12億円というのは、あとで宣伝資料を読んで知っただけですから。だからカッコをつけて、（約12億円）と字幕に入れてくれればいいんですよ。
『シンプル・プラン』の字幕の色のこともそうなんですけど、映画会社はもっと字幕に神経を使ってほしいですね。

シンプル・プラン
★★☆☆☆☆☆☆☆☆

偶然から大金を手にした普通の人々を待つ予想外の運命

世界中でベストセラーとなり、日本でも95年版『このミステリーがすごい！』で1位の人気作の映画化。単純に見えた事件が、主人公の〝ちょっとした思いつき（シンプル・プラン）〟で思わぬ方向へ転がり始め、運命のラストへ。

ストーリー
普通の生活を営む中年男ハンク（ビル・パクストン）はある雪の日、兄のジェイコブ、友人のルーと一緒に400万ドル（約4億5000万円）を超える現金と死体を乗せた墜落機を見つける。3人はその金を保管して、いずれ自分たちで分けるためのシンプルなプランを立てるが…。

1998年　アメリカ映画
監督／サム・ライミ
出演／ビル・パクストン、ビリー・ボブ・ソーントン、ブリジット・フォンダ
2時間2分／東北新社よりDVD発売中（6000円）

ウェイクアップ！ネッド
★★★★★☆☆☆☆☆

12億円の当たりくじをめぐる52人の村人のネコババ大作戦

「宝くじで一攫千金」という世界共通の夢を描いてイギリス、アメリカでロングランヒットしたイギリス映画。アイルランドの片田舎を舞台にした、憎めないじいさんコンビによる当たりくじネコババ大作戦。

ストーリー
アイルランドの小さな村で、12億円相当の宝くじに当たったネッドはショックでそのまま昇天。身寄りのないネッドの賞金は国に没収されてしまうので、みすみす大金を逃す手はないと村人52人が一致団結して、ダブリンからやってきた宝くじ調査員を相手にネコババ計画を企てる。

1998年　イギリス映画
監督／カーク・ジョーンズ
出演／イアン・バネン、デヴィッド・ケリー、フィオヌラ・フラナガン
1時間32分／東芝デジタルフロンティアよりDVD発売中（4700円）

シャンドライの恋

ずーっとだるいけど、ラスト1分でうならせる。絶妙な終わり方です

99年11月

『シャンドライの恋』と『エイミー』には共通点があります。ひと昔前なら、見ていて途中でだるくなって、見るのをやめてたタイプの映画です。ところが年齢というか、36歳の今になって見られるようになった。そういう僕自身の変化を感じました。

『シャンドライの恋』で、音楽家が教え子の子供たちを招待して、ピアノの演奏会を開くシーンがありますけど、子供たちは演奏を聞いてるうちに退屈して、だらけてくるんです。昔の僕だったら、そのあたりで子供と同じようにだらけてしまって、それ以上見なかったでしょうね(笑)。

でも、最後まで見終わったら、この映画はいい。いや、素晴らしい。ずーっとだるいんですけど、ホントにラストの1分というか、もっと言ったら何十秒、それで「ええなー!」ってうならせる。その力技というか、こういう映画はそうそうない。

ローマの古い屋敷が舞台です。そこに2人の住人がいるんです。家主である英国人の音楽家キンスキーと、その使用人として住み込んでいるアフリカ育ちのシャンドライ。シャンドライは、アフリカで政治活動をしていた夫が投獄されたので、単身ローマに出てきて、使用人をしながら医者をめざして、学校に通ってる。

キンスキーというのは、友達もいなくて1日中ピアノばっかり弾いてる変わったヤツですけど、シャンドライのことを愛するようになって、プロポーズする。でも、シャンドライの望みは、投獄されてる夫と再会することだと知って、望みをかなえてあげようと、彼女に内緒で部屋の調度品を次々と売りに出す。で、その資金によって夫は釈放されて、ローマに来ることになるんです。シャンドライは最初は無邪気に喜ぶけど、それがキンスキーの計らいだとわかるにつれて、感謝の気持ちが愛情に変わってきて、夫とキンスキーの間で気持ちが揺れ動くようになる。

で、いよいよ夫と再会できるという、その前夜になって、シャンドライが最後の決断を下すんですけど、それがラストのラストでどうなるか？　という話です。

結末は、ものすごくデリケートです。ちょっと編集を変えただけで、意味合いがガラッと変わってしまう。監督も悩んだんじゃないでしょうか。絶妙な終わり方です。

キンスキーが、なぜそこまでシャンドライにひかれたのかってところの描き方がもうひとつ淡泊ですけど、まあ男っちゅうのは、そういうこともあるとして(笑)。そのシャンドライが好きやと思うから、旦那のことも含めて好きになろうとしたわけです、彼は。だから、すごい「純愛」ですね。僕はそう思いました。でも、この映画をどう思うかは十人十色じゃないですか。

男のエゴがちょっと入ってるから、女はイマイチ共感できないかも…そんな気がしました。女の人は「これって、いわゆる援助交際じゃない？」と思うのと違いますか。

『マディソン郡の橋』がいいって、女は言うんですよ。僕は大嫌いな映画で、ムカつきます。なんか、女の浮気はキレイで男の浮気は汚いと言われてるようでね。『シャンドライの恋』はその逆で、僕は大好きですけど、多分女は嫌いじゃないか。だからこの映画は男の人に見てほしいですね。

いい映画ですけど、ただひとつ注文をつけると、シャンドライが夢うつつでオナニーしてるみたいな場面がありますが、あそこはないほうがいい。あれを入れてしまうと、単純に、ちょっと性的に飢えてたのかなという感じになってしまうから。「この女、好きもんかい」みたいなね。あのシーンだけは、絶対ないほうがよかった。

でも、僕は大好きな映画ですね。

『天才バカボン』と同じ発想。赤塚不二夫はスゴイ！

『エイミー』は、基本的にあまり好きなタイプの映画ではないです。むしろ嫌いなほうかな。でも、この年になって、こういう映画も見られるようになりました。

そもそも僕は、子供中心に周りが動いていく話がどうもダメで、それと途中で歌が入ってくるとマジでつらい。ディズニーアニメの『ライオンキング』もビデオで見ましたけど、歌のところは早送りですね。アメリカ人はなんで、あのミュージカル風なのが好きなんでしょうか。

『エイミー』は9歳のエイミーという女の子が主人公です。彼女は、人気ロックスターだった父親がステージで感電死するのを目の前で見たショックで、以来口もきけず、耳も聞こえなくなってる。そのエイミーと母親が、メルボルンに引っ越してくるところから始まって、彼女がどうやってしゃべれるようになるか、という映画です。

母子は労働者階級の地区に間借りするんですが、隣に住んでる売れないミュージシャンの歌がきっかけで、エイミーが歌で意志を伝えられることがわかる。で、音楽によってエイミーは癒されていくんです。

その、歌でしか他人とコミュニケーションできないという設定が変わっていて、ひとつの売りなんでしょう。けど僕は、そんなに新しいとは思いませんでした。

というのも、えらいもんと一緒にしますけど、20年以上も前に『天才バカボン』で同じようなのを見ましたから(笑)。それは、俳句でしか自分の言いたいことを言えない人の話。ものすごい恐妻家で、「どこ行ってたの?」と奥さんに聞かれても、気が弱くて何も言えない。でも、俳句の五七五でなら、自分の言いたいことを全部言えるんです。おもろいでしょ。

僕はコレが大好きでしたけど、発想はほとんど『エイミー』と一緒。だから途中で『天才バカボン』を思い出して、おかしくてしようがなかった。あらためて、赤塚不二夫のすごさを思い知りました。

それと、僕はエイミーがどうやって初めて歌うかってとこを注意して見てたんです。ちょっとずつ歌うんかなって思ってたら、いきなり思い切り大声で歌い出しましたね。あまりに唐突で、笑ってしまいました。これはどういう意図だったのか、ちょっとよくわからなかったです。

この映画でよかったのは、終わり方ですね。ハリウッド映画によくあるような終わらせ方じゃないところ。2時間近くの映画で、話が始まった時と終わった時とで、登場人物の生活がそんなに変わってないんです。結局、進歩したことといえば、女の子がしゃべれるようになったというだけで、それ以外の人たちは何も進歩してない。

これがハリウッド映画やったら、隣りの売れないミュージシャンが急に売れるようになって、エイミーの母親ともしっくりいって、結婚もしてみたいに、あっちこっちでハッピーの花火がボンボン打ち上がるけど、この映画はそれが一切ない。そのあたり、やっぱりオーストラリア映画だからでしょうか、いいですね。

『アルマゲドン』を見て泣くヤツの気がしれんわ

ハリウッド映画は、たった2時間で何から何まで好転して、「なんでそこまで!」ってことになる。だから嫌いなんです。そんなわけないんですから。しゃべることができなかった子がしゃべれるようになっただけで十分やろって、僕は思いますけど。

そりゃ、状況が全部ガラッと変わったほうが、つくり手は楽です。でも、それじゃあ、結局何が言いたかったんや？　となるでしょ。『アルマゲドン』だって、何が言いたかったんやろって考えたら、「アメリカ万歳!」しか思い浮かばない(笑)。

『アルマゲドン』は、こないだビデオを借りて見たんですけど、ホンマにうっとおしい映画でした。これを見て、泣くヤツの気がしれんわ。2時間半とクソ長くて、「それで、なんなの？」という話です。

隕石が地球と衝突するという、ありもせん問題を勝手につくって、勝手に自分たちで解決して、「火を消したオレをほめてくれ」と言われても、「お前が自分で火をつけたんやないか」ってことですよ(笑)。

アメリカ人同士で「やっぱりオレらはスゴイ」って言いあってたらいいのであって、こんな映画を国外へ出したらイカンで！

シャンドライの恋

★★★★★★★★★☆

ピアノが友の孤独な男が
人妻に捧げた無償の愛

『ラストタンゴ・イン・パリ』『ラスト・エンペラー』『シェルタリング・スカイ』ほかのベルトルッチ監督の最新作。クラシックのピアノ曲とアフリカンミュージックが大胆に交差する音楽も大きな見どころ。

ストーリー

ローマの中心街にある古い屋敷に住む英国人の音楽家キンスキーと、住み込みの使用人シャンドライ(S・ニュートン)。アフリカで投獄された夫の身を案じながらも、イタリアで新しい希望に生きようとするシャンドライを愛するようになったキンスキーは、夫と再会したいという彼女の望みをかなえる。

1998年　イタリア映画
監督／ベルナルド・ベルトルッチ
出演／サンディ・ニュートン、デヴィッド・シューリス
1時間34分／アミューズピクチャーズよりDVD発売中(4800円)

エイミー

★★★★★★☆☆☆☆

歌でしか気持ちを伝えられない
9歳の少女

幼児体験が原因で声が出なくなったエイミーが、母親の愛情と隣人の温かい心によって再び生きる希望を見出すまでを描くオーストラリア映画。ミュージカルの要素を盛り込んだ、笑いあり、涙ありの作品。

ストーリー

人気ロックシンガーだった父親がステージ上で感電死するのを目前にして以来、エイミー(アラーナ・ディ・ローマ)の耳は聞こえなくなり、声も出なくなってしまった。専門家が診断しても原因はわからないまま。彼女の心を開かせたのは、隣りに住む売れないミュージシャンの下手くそな歌だった。

1997年　オーストラリア映画
監督／ナディア・タス
出演／アラーナ・ディ・ローマ、レイチェル・グリフィス
1時間43分／ポニーキャニオンよりDVD発売中(4700円)

マトリックス

勇気のいる発言ですけど、「僕にはわかりませんでした」

99年12月

『マトリックス』を見ました、新宿の映画館で。この映画を簡単に言うと、「わからない」(笑)。これは発言するのに、けっこう勇気のいる意見なんです。みんな絶対わからないって言わないですから。でも、ホントはよくわからないから、感想を言おうにも困って、相手が何言うか待ちになってると思います。で、結局、CGがスゴイとか、音楽がカッコいいとか、そんなことしか言うことがない。具体的な内容になると、?.?.?.?.?.ですよ。

いや、だいたいのストーリーはわかりますよ。でも、理解はできない。たとえば、あのイカはなぜ襲ってくるのか(笑)。

要するに、この映画は「こういう映画を撮りたい」というとこから出発したんじゃなくて、コンピュータを使ったああいうカッコいい特殊効果がやりたくて、それでストーリーをつくったという、順番が逆のような気がするんです。

だから、あまり映画として見てはいけないというか、本当はミュージックビデオで十分できることなんですよ。それにわざわざストーリーをつけようとするから、どうしてもああなっていきますよ。

僕は、あまりおもしろくなかったですね。パート3まで製作が決まってるらしいですけど、もうええでって感じです。

久しぶりに映画館に行ったんですけど、映画館で見ると、ほかの客の意見を聞けるでしょう。で、アベックがいたので、耳を澄ましていたんです。すると開口一番、女が「サングラス、カッコよかった」(笑)。これは監督としたら、かなり悲しい。ボクが監督なら、もう落ち込みますね。2時間半も見せて、「サングラス、カッコいい」としか言われない映画って何なんでしょうか。もちろん、ほかにも意見はあるんでしょうけど、開口一番ですからね。

それで男は「ウーン…」ってうなってましたよ(笑)。その後、2人とも黙ってましたから、やっぱりあまりわかってないと思います。そのくらいの映画ですよ。

映像も、ビデオ店とかでかかってるプロモーション用のビデオを見てたら、たしかにカッコよかった。音楽も。でも、それだけ。それに2時間半も無理やりストーリーをつける必要なんて、ないんちゃう？

それと、いい場面はプロモーションビデオで先に見せてしまっていて、本編でしか見られなかった映像って、ほとんどないんですね。上半身をガーッと動かして銃弾をよけるシーンとかも、映画を見る前に何回も見てて、どんなもっとスゴイことが起こるんやろうと期待してたら、コケそうになりました。あれだけ上半身で弾をよけといて、足を撃たれるって(笑)。ギャグかと思いました。それで足を撃たれた後でも平気で走り回っとるし、ようわからん。

キアヌ・リーブスは、特に秀でたものがないというか、取り柄が見えないですね。でも、こういう映画に出る役者の気持ちはどうなんでしょう。あんな役なら、誰がやってもいいわけですから。僕に言わせれば、主人公の役はMr.オクレさんみたいなキャラのほうがおもしろいですよ。そんなにカッコよくなくてもいいんです。

採点は、これは辛いですよ。指定席で見ましたからね。3人で行ったんですけど、1人2500円で、僕が全部出したので7500円ですから。1点です(笑)。ビデオで見てたら3点くらいでしょうか。

今の僕は、貧しくてもがんばってる話のほうが好きです

『マトリックス』みたいなのを見るんやったら、『運動靴と赤い金魚』のほうがずっといいですね。ちょっと前に見たイラン映画ですけど、全然おもしろい。

今の僕の、なんていうか精神状態では、貧しい国の、それでもがんばってるって映画のほうが好きですね。カネばっかりかけて意味不明な映画をつくられてもねえ。なんで2500円も払って、頭の中に「?・」を描かないとあかんのか。

ただ、『運動靴と赤い金魚』がメチャメチャいい出来だというわけではないです。まあ、好きやなあという感じですけど。イラン映画は初めてだったんですけど、映画で描いてることの背景というか、こんな国なんやなあということがおもしろかったですね。この貧しさが、今の時代の話やということにびっ

くりしました。

ひとつ文句があるのは、最後の終わり方。凝りすぎたというか、もっとやさしく終わったらよかったのに。単純明快に終わってたら、小学校や中学校の体育館でも上映できた(笑)。それが、最後にオトナを意識したというか、妙に夢の世界になってしまったからね。あれはいらんかったな。

でも、前にも言うたかもしれんけど、ハリウッド映画みたいなのがあるから、こういう地味な映画が生きてくるのであってね。世の中の映画全部がこんなんやったら、もっと派手な映画はないんか！となってきますから。だから、ある意味でぜいたくな話なんです。評価もそんなに高く扱われるほどのもんでもないけど、相対的な評価として高くなってしまうみたいなね。

そういうわけで、★は6つです。映画のストーリーどおり、3番を狙ってたのに、知らない間に1番になったみたいな、この映画自体もそんな感じですよ。

『π』はよくわかりました。僕も同じ心境になりますから

『マトリックス』で、意味がわからんってさんざんけなしましたけど、映画はなんでもかんでもつじつまがあって、意味がわからないといけないと言ってるんじゃないんです。例えば、『π』（パイ）みたいなのは意味不明なところがあってもいいんです。

世界のすべては数字で解明できると信じている主人公がいて、スーパーコンピュータを発明して株式市場の予測をしようとする話です。で、ヘブライ語のアルファベットはすべて数字に直せるとか、21

6ケタの数字に真理が隠されてるとか、難しそうなことがたくさん出てくるんです。どこまで事実に基づいているのかよくわからないですけど、仮にウソやったとしても、それはかまわない。映画を見ている客に、ほんまにそうなんかなあ、と思わせた時点でもう成功ですから。

『マトリックス』はそうじゃなくて、ごまかしてるだけなんです。単に特殊効果の映像を見せたいがために、ストーリーの深い部分は考えさせないようにしてるというね。『π』はつくり手にまず言いたいことがしっかりあって、その道具立てとして意味不明も出てくるという映画ですから。

『π』で伝えたいことは、よくわかりました。才能に秀でた者の壊れ方というか、ボクもああいう心境によくなりますから。アホのほうが楽やなあみたいなね。

なまじっか頭よく生まれてしまうと、傷つくことも多いし、イライラすることも多い。アホはストレスたまらんし、ええと思いますよ。この主人公も、笑ったのはラストシーンだけですよね。わかりますよ、すごく。自分のことを言われてるような気がしました。

ちょっとゴッホを思わせる感じですね。自虐的な…でも、どこかゴッホをモデルにしてるんじゃないですかねえ。鏡を見て自分を傷つけたりするシーンとか、ちょっとそのイメージがあるんと違うかなあ。

おもしろいというより、共感できるということですね。それと映画として出来がいいかどうかは、別問題ですよ。オチは途中で見えましたから。もうひとひねりないと、映画としてはねえ…。こういう話だと、ああなるしかないのかなあ…。

これは★5つ。700万円くらいの低予算なのに、がんばってつくってると思うので。『マトリックス』に比べると、ちょっと採点が甘いかもしれないですけどね。

マトリックス

★☆☆☆☆☆☆☆☆☆

仮想現実を操る
コンピュータに人間が挑む

永遠に続く夢＝バーチャルリアリティ(仮想現実)によって人類を支配しようとするコンピュータと、それに気づいた人間との戦いを描く近未来アクション。アニメをそのまま実写にしたような映像が話題を呼んだ。

ストーリー

プログラマーとハッカーという2つの顔を持つネオ(キアヌ・リーブス)は、我々が現実だと思っている世界はコンピュータがつくり出した「マトリックス」という仮想現実で、本当は現在は2199年で我々は脳に送られてくる電波をキャッチしているに過ぎないと知る。

1999年 アメリカ映画
監督／ラリー&アンディー・ウォシャウスキー
出演／キアヌ・リーブス、ローレンス・フィッシュバーン
2時間16分／ワーナー・ホーム・ビデオよりDVD発売中(2500円)

運動靴と赤い金魚

★★★★★★☆☆☆☆

妹の運動靴をなくした
貧しい少年のけなげな奮闘記

貧しいながらも、けなげに生きる兄妹のふれあいや家族の絆をユーモアを交えて描くほのぼのしたイラン映画。99年のアカデミー外国語映画賞にノミネートされ、数々の映画祭で賞を得た感動作。

ストーリー

少年アリは修理したばかりの妹の運動靴をなくしてしまう。家が貧しいために親に言えない2人は、一足しかないアリの靴を交代で履いて学校に行くことに。マラソン大会に出場したアリは、3等賞品に靴があることを知り、必死に走るが…。

1997年 イラン映画
監督／マジッド・マジディ
出演／ミル＝ファロク・ハシェミアン、バハレ・セデッキ
1時間28分／日活よりDVD発売中(4700円)

π(パイ)

★★★★★☆☆☆☆☆

数字の謎を解明しようとした
天才科学者の顛末

将来性ある才能の発掘で定評がある「サンダンス映画祭」の98年最優秀監督賞受賞作。レイトショーの興行記録を更新した"数学スリラー"。アロノフスキー監督は、次に『レクイエム・フォー・ドリーム』を撮り、脚光を浴びる。

ストーリー

天才的な数学能力を持ち、世界の真理から株価まで、あらゆるものは数学で解明できると信じているマックスは、考えを実行に移す。そのうちに、彼自身に異変が起きて…。

1997年 アメリカ映画
監督／ダーレン・アロノフスキー
出演／ショーン・ガレット、マーク・マーゴリス
1時間25分／東芝デジタルフロンティアよりDVD発売中(4700円)

ブレア・ウィッチ・プロジェクト

映画としては0点やけど、1800円を払う価値は十分ある

00年1月

アメリカで大ヒットしたというホラー映画の『ブレア・ウィッチ・プロジェクト』ですけど、残念ながら、どうすることもできない弱点がひとつあるんです。

それは字幕スーパーです。僕らは字幕を見ないと話がよくわからない。けど、アメリカ人は画面だけでわかるわけでしょう。

それが、ものすごく悔しい。英語がわかれば、知り合いがたまたまビデオカメラで撮った映像みたいな感じで見られて、もっと恐怖感が伝わるはずなんですけどね。

この作品は、映画館で見るんじゃなくて、友達の家に行って、「ちょっとこんなビデオが出回ってるんやけど、コレどういうことやと思う?」みたいな感覚で、回し見をしたらものすごく怖いですよ。

でも、それに字幕スーパーが入ってたら、やっぱり映画だったんや、という感じがしてしまうんです

ね。それだと、むきだしのあの感じが100%伝わらないんですよ。

ヤリフにしても、おそらく演技ではないんじゃないですか。アドリブで、かなり普通っぽくやらせてるんでしょうね。

ボクがコントでたまに、ほとんどアドリブというか素に近い状態の笑いをやりますけど、そんな感じですね。そのコントに字幕スーパーが入ってたら、セリフが決まってたみたいに感じられて、印象が変わりますよね。

だからこの作品も、アメリカで大ヒットしたらしいですけど、日本人が見てもアメリカ人ほどは怖くないんじゃないでしょうか。同じことを、日本人が日本語でやったほうが、僕らには絶対怖いです。

でも、画期的な作品やとは思います。あの撮り方は、緊張感もあるし。なにより、音とか特殊効果でごまかしてないのがエラいですね。なるほど、こういう手があるか、うまいなあと思いました。ちょっと『電波少年』みたいな感じもしましたけど、発想勝ちですね。

それだけに、もう2回目は通用せんでしょう。ほかの作品でも、こんな撮り方が流行るはずもないやろうし。製作費は300万円くらいだそうですけど、つくった本人が「こんな低予算で、よう儲けたなあ」ってびっくりしてるでしょうね。

ストーリーは、ラストがよくわからなかった。意味がどうこうじゃなくて、どういう状態なのか、映像ではっきり映していないので。まあ、僕は、つくり手が「はっきりさせなくてもいい」と考えたんだと、好意的に解釈しましたけど。

途中で、シャツに何かが包まれて出てくる場面も、それが途中で消えてしまった男の歯だというのは、初めて見る人にはわからないでしょう。それとも予算が少ない悲しさで、あんまりカメラが近寄ってはっきり映すと、ニセモノだとバレるので、ああなったんでしょうか？

お化け屋敷の中を撮って「ホラー映画」と言われても…

映像だけでわからない時は、出演者のコメントで補足してほしい。でも、あそこで彼女が「アラ、何かしら？　まあ、歯だわ！」と、わざとらしく言うのも、この撮り方の場合はツライ(笑)。ならば、もう少し映像できっちり説明してくれないとね。

それと、「ドキュメンタリーを撮りに森に入った学生が行方不明になって、1年後に彼らが残したフィルムだけが発見された――」とだけ冒頭に字幕スーパーが出るんです。けど、見てると、明らかに編集されてる箇所があるんですよ。ということは、発見されたフィルムに誰かが手を入れてこの映画ができたことになるけど、じゃあ誰がどう編集したのか？　その説明はなかったですね。それも不親切で、わかりにくいと思うんです。

この作品の採点は難しい。映画としてなら0点でしょ。でも、これは映画と違うジャンルですよ。というか、これが許されたら、映画って何？　となってしまう。

といって、卑怯な手を使ってはいないですよ。ただ、映画と言うのなら、カット割りとかもちゃんとやらないと。ストーリーもあってないようなもんやし。

お化け屋敷にカメラを持ち込んで撮って「ホラー映画です」って出されても、「オイオイ！待てよ」って話じゃないですか。真っ暗なシーンもけっこうあるけど、あれなんかテレビの世界で言えば、放送事故です。それを番組とは言わないでしょ。

この作品が面白くない、というわけじゃないんです。映画としては0点ですが、1800円を払って見る価値は十分にあります。1時間半の間、観客をスクリーンに釘付けにさせる力があるということは、つくり手としては成功ですから。

初めてのインド映画はメチャメチャおもしろかった

『ジーンズ 世界は2人のために』は、僕が初めて見たインド映画です。インド映画にはあんまり興味がなくて、編集部から「3時間もあるので、最初の10分だけ見てしんどかったら、やめていいから」と言われたので見たんです。けど、これがメチャメチャおもしろかった(笑)。カルチャーショックを受けました。いやいや、スゴイ。独自の世界ですよ。

前に言いましたけど、僕はアメリカのミュージカルみたいに、劇中で歌ったり踊ったりされると、「もうエエで!」って思うんです。けど、これは大丈夫でした。むしろ、「はよ踊れ!」と思いましたから(笑)。

あんまりおもしろかったので、ビデオ店に行って、前にミニシアターでヒットして、インド映画ブームを起こしたという『ムトゥ踊るマハラジャ』を借りてしまいました。

でも、『ジーンズ』のほうがおもしろかったですね。やっぱり、初めて見たインド映画というインパクトがあったのと、舞台が前半はアメリカだったのも、新鮮でした。

『ムトゥ』みたいに、インドで撮ったインド映画だとちょっとしんどいかな。それと『ムトゥ』には、ちょっとカンフーが入ってて、そこが嫌でしたね。『ジーンズ』では独自の世界があって、それがよかったのに、カンフーが入ってくると香港映画みたいに見えて、そう独自の世界でもないな、と思ってガッカリしました。

『ジーンズ』にしても、ギャグはひどいもんやし、バアさん役だって、むりやりカツラをかぶらせて老け役にさせてるだけで、全然ばあさんじゃないし。そのへんは香港映画みたいな感じなんですが。でも、どちらも踊りは素晴らしい。アメリカなんかのダンスのプロからみたら、レベルはかなり低いのかも知れませんが、そこがまた、いいじゃありませんか。

あれだけの大人数でガーッと踊ったら迫力ありますよ。『ジーンズ』のニューヨークで踊るシーンなんかでも、通行人が見て、「何やっとんねん?」みたいな顔をしててね(笑)。あの場所で撮ってしまうというのも、スゴイです。

『ジーンズ』では、撮り方も独自のものがありました。どう見ても無意味なカットとか、びっくりするようなシーンがいくつかあったし、スローモーションで独り言を言うのも、これまで見たことがなかった撮り方です。

いや、これは誉めてるんです。誉めてるんですけども、マンガでいうところの「ヘタウマ」ですよ。ちょっと小馬鹿にしつつも、認めてるっていうね。

ヒロインもきれいやったし、思わず「インドの美女もええなあ」と思ってしまいました。男はかなりダサダサやけど、あれでも向こうじゃすごく人気があるそうだから、よくわからないですね(笑)。

それと、上映時間が長いので途中で休憩が入りましたけど、あれも新鮮でした。

やっぱり、なんでもそうですけど、独自の世界があるものはおもしろい。日本映画みたいに、つくり手自身が何をしたいのかわからなくなってるのとは、えらい違いです。

★は9つあげましょう。ただし、あくまでもメチャメチャ個人的な評価です。だから、人にすすめたい映画という意味じゃないです。どう考えても、万人がいいと言うとは思えないし(笑)。

ブレア・ウィッチ・プロジェクト ☆☆☆☆☆☆☆☆☆☆

99年夏に米国で大ヒットした魔女伝説ホラー

約300万円ともいわれる低予算ながら、99年の米興収ランキングTOP10に入る大ヒットとなったホラー映画。ウィッチ(魔女)が住むという森に入った3人の学生の恐怖体験をドキュメンタリータッチで描く。

ストーリー

94年10月アメリカのメリーランド州バーケッツヴィルの森付近でドキュメンタリーを撮影していた映画学校の生徒3人が行方不明になった。1年後、彼らが撮ったフィルムだけが発見された。そこに映っていたものは…。

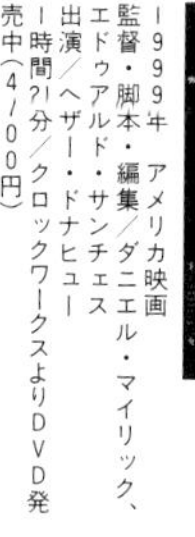

1999年 アメリカ映画
監督・脚本・編集／ダニエル・マイリック、エドゥアルド・サンチェス
出演／ヘザー・ドナヒュー
1時間21分／クロックワークスよりDVD発売中(4700円)

ジーンズ 世界は2人のために ★★★★★★★★★☆

歌って踊る！ 波乱万丈のラブストーリー

世界6カ国にロケをした大作インド映画。ユニバーサルスタジオ、ラスベガス、自由の女神、ピラミッド、エッフェル塔、タージマハルなどの世界遺産をバックに大人数で踊りまくる計6回のダンスシーンが圧巻。

ストーリー

アメリカ・ロサンゼルス育ちの双子のエリート医学生がインドのマドラスに住む大金持ちのお嬢さんに恋をして、ディズニーランドから万里の長城まで、太平洋をまたにかけた波乱万丈のラブストーリーが展開する。

1998年 インド＝アメリカ合作
監督・脚本／シャンカル
出演／アイシュワリヤ・ライ、プラシャーント、ラクシュミ
2時間55分／ポニーキャニオンよりDVD発売中(4700円)

雨あがる

正月映画第2弾の日韓決戦は日本の圧勝でした

00年2月

今月の映画は、黒澤明監督の遺稿脚本を映画化した『雨あがる』と韓国で大ヒットしたという『シュリ』の2本です。正月映画第2弾の日韓決戦ですけど、結果から言うと、この勝負は日本の圧勝でした。

『雨あがる』は、すごぶるよかった。非常にわかりやすくて。時間も1時間半と短いし。このくらいの長さがちょうどいい。

もちろん細々とした嫌なところもありますけど。それを先に言っておくと、まず本編が始まる前に、なぜ黒澤監督の写真を映すのか。追悼の意味合いなんでしょうが、黒澤監督の遺稿脚本による映画ということは、この作品を見ようという人間なら、もう全員がわかっていることでね。それをどうして、わざわざ本編の前に入れるのか。

「誰々に捧げる」というのは、小説の最初なんかでもよく出てきます。けど、つくり手が作品を捧げるのは観客や視聴者や読者に対してであって、死んだ人間に何を捧げることがあるのかが、全くわからない。

第一、「誰々に捧げる」というのなら、そいつだけに捧げてたらいいのであって、どうして金をとってみんなに作品を売るんや、という話じゃないですか。

見方を変えると、ちょっと卑怯ですね。自信がないことを言う時に、「ほかの人が言うてたことやけど…」と前置きしてしゃべるのと、ちょっと似てます。「黒澤さんの企画やから、ちょっと甘く見てね」とつくり手が言ってるような気がして、嫌でした。どうしても黒澤監督への気持ちを表したいのだったら、作品の最後ですね。

それとハッキリ言いますけど、殿様をやった俳優、三船敏郎さんの息子さんですね、彼が大根です。見てるうちに味が出てくる、と言う人もいるかもしれないけど、大根はやっぱり大根。28年ぶりに映画に出たらしいけど、もっとちゃんとした俳優がやるべき。そしたら、もっといい映画になってた。このキャスティングは100%失敗でした。

もうひとつ嫌だったのが、寺尾聰の侍が林の中で立ち合いをやるシーンで、侍が切られて大量の血が吹き出すところ。『椿三十郎』の殺陣をもう一回やりたかったんでしょうか。せっかく「愛」というテーマで押していたのに、あそこだけはグロというか、一瞬方向がわからなくなりました。あの流血シーンは絶対いらなかった。

この3つが嫌なとこです。でも、それ以外は全部よかった、本当に。見終わった後、すごく気持ちよかったし、「日本映画ってええなあ」って思いましたもん。

この映画の日本とやらに一回行ってみたいなと思いました

この国の美しさを、とにかくきれいに、ていねいに撮ろうとしたことがよくわかります。「この映画の日本とやらに、一回行ってみたいなあ」と思いました。

僕は日本の情景が好きなんです。けど、なかなかそう思わせてくれる日本映画ってないですから。こんな映画がいっぱい出てきたら、ホントにうれしいですけどね。

殿様が大根と言いましたが、逆に寺尾聰と宮崎美子の主役2人はものすごくよかった。夫婦愛みたいなことは、僕にはいまいちよくわかりませんけど、2人の存在感がね。

ちなみに、僕の黒澤作品への評価ということでは、やっぱりスゴイと思ってます。『七人の侍』にしても、ちょっと長いかなとは思うけど、今見てもおもしろいし、なによりも、つくり手のパワーを感じる。

それと、世間と全く逆の意見ですけど、実はカラーになってからの作品のほうが好きなんです。『影武者』とか『乱』とか。あの映像美はスゴイ。

あれだけ製作費を湯水のように使ったんだから、いいものができて当然という人もいるようですが、それは「使った」んじゃなくて、「使えた」ということですね。

自分のことでなんですけど、ビデオでコントを撮りたいと言って、1億円使える人間はそういませんよね。それを「うらやましい」と言うのなら、お前らやってみろよ、という話でしょう。しかも、一番大事なのは、膨大な金を使っただけのいいものがちゃんとできてるということなんです。

とにかく、『雨あがる』はさわやかな、気持ちがいい映画でした。

『シュリ』は韓国で大ヒットしたということで見たんですが、はっきり言うと、たいしたことなかった。ホントに韓国は母国愛が強いというか、「これだけ撮れたら、たしかにあんたらの国では盛り上がるやろうね」とは思います。でも、わざわざ外国に出すほどのもんではない。

いわゆるアクション大作で、「ハリウッドを超えた！」とか持ち上げられてるけど、「超えた」って声高に言ってること自体、まだ超えてないってことだし、そもそもハリウッド映画は超えないといけないものなのか。あんなもん、別に超えなくてもいいし、パン食い競争で必死になってるみたいなもので、ベクトルが違うんです。

韓国は北朝鮮との関係があるので、こうした話は撮りやすいしリアルです。同じような話を日本で映画にしても、ピンときませんよね。冒頭の戦闘シーンも迫力がある。

でも結局は、ハリウッド映画のサル真似ですから。独自のものがあまりない。韓国映画史上最高の製作費をかけたといっても、ビルが爆破されるシーンのチープさなんか、もうたまりません。結局、こうなってしまうかあ、とガッカリします。だったらビルを爆破させない方向でストーリーを進めたらいいのに。スタジアムや水槽のシーンも、どっかで見たようなもんやし。

『踊る大捜査線』と比べたら『シュリ』の圧勝ですけどね

要所要所で、ハリウッド映画をいっぱいパクってます。それで「超えた」と言われたら、たまったもんやない。パクった側が、本家を超えられるわけがないですから。韓国内の興行成績では超えたかもしれないけど、僕の中では絶対超えてない。

そういう意味でも、やっぱり『雨あがる』には、日本映画しか表現できない独自の世界がある。だから海外でも評価されるわけだし、逆にそれを日本人がわからないというのは、恥ずかしいことです。

まあ、今回の日韓決戦は日本に都合がよすぎる戦いで、韓国は相手が悪すぎました。だとすると、同じように国内で大ヒットした映画ということなら、『踊る大捜査線』と比べるべきでしょう。だとすると、『シュリ』の圧勝です。

『踊る大捜査線』はホントひどかった。あの映画の何がおもしろいんですか？

それでまた、卑怯なパクリ方をやってるんです。ボールを燃やしたら変な煙が出て、それが犯人をつかまえる手がかりになるんですけど、モロに黒澤監督の『天国と地獄』のパクリじゃないですか。で、その光景を織田裕二の刑事が見て、「あ、天国と地獄だ」って言うんです。でも、『踊る大捜査線』を見てるガキンチョは、そんな昔の映画を知らないから、みんな聞き流してるんですよ。「なんやろ、天国と地獄って、この状況のことかな」って。アホやから、パクリってことも何もわからずに。

で、つくり手のほうは、明らかにパクッてるのに、織田裕二に「天国と地獄だ」と言わせることによって、「わかってやってるんだからパクリじゃないです」というポーズをとってる。けど、「なんぼ言い訳しようが、パクリはパクリじゃ、アホ」ってことでね。ホントに卑怯なパクリ方です。

そうやって、いろんなもんをただパクって寄せ集めて、『踊る大捜査線』といういい加減な映画をつくって、それを見に来てるのがガキンチョばかりで、「今まで見た映画の中で一番おもしろかった」って言ってる。昔の映画のパクリを見せられてるということも、わからなくてね。もう、つくる方も見る方も最悪です、あの映画は。

それに比べたら『シュリ』のほうがずっとマシですね。でも、共通して言えることは、どっちも国内だけで盛り上がってなさい。それで、あんまり外国の人には言わないようにしましょう、ってことですよ。

僕も日本人ですから。外国へ行った時に『踊る』みたいな映画で盛り上がってるやつらの一員やと思われたら、嫌ですから。

雨あがる

★★★★★★★★☆☆

黒澤明監督の遺稿脚本を映画化した時代劇

98年に亡くなった黒澤明が最後まで映画化をめざしていた企画を、黒澤組スタッフとゆかりのキャストが完成させた。強い剣豪ながら仕官できない心根の優しい浪人と、その夫を支える妻の夫婦愛を描く時代劇。

ストーリー

時は享保時代。浪人の三沢伊兵衛(寺尾聰)とその妻たよ(宮崎美子)は折からの豪雨で安宿に足止めされていた。雨があがり、外に出た伊兵衛は若侍同士の果たし合いに遭遇して止めに入る。その一部始終を見ていた藩の城主(三船史郎)は伊兵衛にある申し出をする…。

1999年 日本映画
監督／小泉堯史
脚本／黒澤明
出演／寺尾聰、宮崎美子、三船史郎
1時間31分／アスミックよりDVD発売中(4700円)

シュリ

★★★★☆☆☆☆☆☆

日韓で大ヒットした南北対立スパイアクション

韓国で全国民の約7人に1人が見たという空前の大ヒット作。日本でもヒットして、韓国映画ブームのきっかけをつくった。南北分断を背景に、韓国と北朝鮮の諜報員の対決にラブストーリーを織り込んだアクション大作だ。

ストーリー

韓国の諜報部員ジュンウォン(ハン・ソッキュ)は結婚を間近に控えていたが、最近多発する暗殺事件の裏に以前から追っている謎の女スパイの影を感じていた。そしてついに自分の命が狙われる。恋人の身を案じホテルにかくまい、女スパイを追うが…。

1999年 韓国映画
監督・脚本／カン・ジェギュ
出演／ハン・ソッキュ、キム・ユンジン、チェ・ミンシク
2時間4分／カルチュア・パブリッシャーズよりDVD発売中(4800円)

海の上のピアニスト

投げた帽子が海に落ちたシーンが一番印象に残りました

00年3月

『海の上のピアニスト』は、そう悪くなかったですけど、ちょい眠たい。ジュゼッペ・トルナトーレ監督のほかの作品は『ニュー・シネマ・パラダイス』しか見てませんが、2本見た感じでいうと、おかしなことをする監督ではない。どちらかというと、好きな監督です。

『ニュー・シネマ・パラダイス』は、★6つくらいの作品でしたね。長いから。お笑いをやってる人間の悪いクセかもしれないですけど、ネタふりが長いと、バシッとオチてくれないと、時間を無駄にしてるなって感じがしてしまうんです。「そこまで引っぱって、どう落とすねん？」っていうね。だから2時間を超える映画になると、どうしても「さあ、どうする？」ってなってしまうんですよ。

それで言うと、『ニュー・シネマ・パラダイス』のオチというか終わり方は嫌いではなかったけど、2時間以上ひっぱるほどのことはないし、それほど映像にも変化がなかった。それで★6つなんです。

本題の『海の上のピアニスト』ですけど、最初に大まかなストーリーを聞いた時は、わりと期待値が上がったんですよ。船の上で生まれて、生涯一度も船から下りなかったピアニストの話というのは、「おもしろそうやん」って。ええ着眼点やったんですけどね。期待値が上がった分、見終わってちょっとがっかりしたかな。

まず、主役のティム・ロスがあまりこの役には向いてないんじゃないかと思うんです。この主人公は、もっと暗い感じの役者で、「誰やねん？」というくらい世の中に知られていない役者のほうが、もっと興味をそそりました。

それで、主人公の成長がえらい早いですね。気がついたら、もうピアノを弾いてる。まあ、ジャッキー・チェンの少林寺木人拳やないんやから、だんだん腕が上がっていくとこを、そう見せてもらわなくてもいいんですけど(笑)。それにしても、なぜ彼があんなに上手にピアノを弾けるようになったのかが、よくわからない。

映画の冒頭で、ダンスホールのピアノの上に赤ん坊が置き去りになってるシーンが出てきます。そしたらふつう観客は、「この子がピアニストになるんだろうな」と思いますよ。じゃあ、どうやってこの子が船の中でピアノと出会って、どういうふうに腕を上げていくんだろうか？　そこに誰でも興味を持って、見たいと思いますよね。

それが大人になったと思ったら、いきなりものすごい曲を弾いてる。育ててくれた黒人の機関士が教えてくれたわけやないしね。だんだんうまくなっていくところを描くとなると、子役以外にも若い俳優が何人か必要になるので、それを出したくなかったということがあるんでしょうか。8歳のシーンからすぐ27歳のシーンにとばして、ティム・ロスに演じさせたかったということなのかもしれません。

「天才の話なんやから、細かいことはどうでもええがな」と言われそうですが、そういうことではないと思うんですけどね。

『トムとジェリー』やないんやからあの終わり方はダサイ

終わり方も嫌ですね。多分、船の丸い窓から見た感じで終わりたかったんでしょう。でも、『トムとジェリー』やないんやから(笑)、ダサイですよ。それとも客を笑わせようとしたんでしょうか？　とにかく、あれはいらんかったなあ。

主人公が恋をする少女は原作に出てこないそうですけど、僕は映画で出す必要はあまりなかったと思いますね。ずっと船の上で暮らしてるんやから、せめて1回くらい恋をさせてやりたいということなんでしょうか。でも、それならそれで、寝てるところに入っていって、キスして逃げたらあかんやろうと思うし(笑)。少女が出てくる理由がきちんと描かれていないのは、ちょっと気持ち悪い。

悪いとこばっかり言いましたけど、いいシーンもいくつかありました。

主人公がピアノのストッパーを外すと、ピアノが滑り出して、波で左右に大きく揺れる船の動きにあわせて床の上を行ったり来たりする。その動きにあわせて彼がピアノを弾くシーン。あそこは素晴らしいと思いました。

もし現実にやってみたら、ピアノがドアをぶち破ったりして、絶対にありえないことなんですけど、あそこだけはくり抜きの別世界です。夢の中の出来事みたいなね。ああいうシーンがひとつ入るだけで、すごく楽しい映画やなあと思えてくる。あそこは前半のものすごくいいシーンです。

ピアノが通ると、靴がピョンピョンはねて道を開けていくとこなんかも、撮り方としてはものすごいチープなんです。でも、「なんかええやん」と思いますもん。ああいうのは、映画としていいシーンです。

でも、同じようなことを日本のドラマでするとと、ものすごいコケるんですけどね。見てて恥ずかしくなるんですよ。

この映画で一番印象的だったのは、主人公が陸に下りようとしたけど、タラップの端まで来たところでやっぱりやめて、船に戻る時に陸に向かって帽子を投げる。その帽子が陸に届かずに、海にポチャンと落ちたところ。あそこが僕にとっては、2時間5分の中で一番重要なシーンでした。

あそこで終わりでもええのとちゃうかなあと思いましたから。僕が監督だったら、ピアノの腕が上達していくところをきちんと描いて、前半の部分をもっと長くして、あのポチャンで終わりにしたと思います。

帽子すら陸に下りない、というところが、いいんですよ。お笑いでいうと、ものすごくつっこみたくなるところで、「帽子すらもかえ！」って言いたくなる(笑)。

この帽子が、陸と海のどっちに落ちるかは、監督によってはっきり分かれると思います。きっとスピルバーグ監督やったら、帽子は陸まで届いたでしょう。

でも僕は、陸に落とす監督は好きじゃなくて、海にポチャンと落とす監督が好きなんです。僕は、そういう映画の分け方をしてしまうんです。したがって、スピルバーグ監督はあまり好きじゃない。

帽子すら陸に下りられないというのは、なんか哀しいじゃないですか。お先真っ暗な人生みたいな。でも僕は、そういうのが好きなんですね。

帽子を陸に届かせてしまう監督というのは、きっとどこかで映画に救いを持たせようとする監督だと思うんです。夢多く、ハッピーに、ということですよ。でも、登場人物自身が動いてハッピーになっていくのはいいんですが、その人にまつわるものをそんなふうに描こうとするのは気持ち悪い。変な意味の前向きというか。

やっぱり、この映画の主人公の一生は、そんなに素敵な人生ではなかったと思う。それを中途半端なところで、よかったみたいに描いてほしくない。だから僕は、絶対陸に下りない派ですね。

ビデオでもう一度見るならこの3シーンは外せない

あと、好きだったのは、最後にトランペット吹きの友人と主人公が再会しますね、船の上で。その時の会話は好きです。「陸にはこれだけたくさん道があるけど、僕はその中から1本の道を選ぶことができないんだ」みたいなことを言うところ。なかなかええ話をしてるやん、と思いました。

ピアノ対決もまあおもしろかったかなあ。「そんなアホな!」というところが。

こう考えていくと、ちょっとたるいけど、いくつかいいシーンがあって、まあまあおもしろい映画ですね。★5つです。

ビデオでもう一度この映画を見るならば、ピアノ対決と、船を下りようとして引き返すところ、あの帽子のシーンですね、それと最後のトランペット吹きとの再会。その3つはもう一度見てみたい。あとは…いらないかな(笑)。

海の上のピアニスト

★★★★★☆☆☆☆☆

大西洋の上で生まれ、一度も船を下りなかったピアニスト

『ニュー・シネマ・パラダイス』などでイタリア映画界を代表するジュゼッペ・トルナトーレ監督作品。海で生まれ、生涯を船の上で生きたピアニストの寓話を大スケールで描くヒューマンドラマ。

ストーリー

1900年。大西洋を往復する豪華客船ヴァージニアン号に置き去りにされた赤ん坊はナインティーン・ハンドレッド(=1900年)と名づけられて、船底で育てられる。やがて成長した彼は、楽譜を読まずに即興でピアノを演奏する才能を発揮するようになり、船上のピアニストとして様々な人と出会う…。

1999年　アメリカ=イタリア合作
監督・脚本／ジュゼッペ・トルナトーレ
出演／ティム・ロス、プルート・テイラー・ヴィンス
2時間5分／日本ビクターよりDVD発売中(4700円)

マグノリア

このオチがわかる人はメチャメチャ頭の悪い人でしょう

00年4月

『シックス・センス』を見ました。オチは途中でわかってしまいました。僕はどうしてもつくり手の側から見てしまうんですけど、自分がやったらどうするやろ、と思ったら、やっぱりあれしかないですもん。

この映画の一番大きなミスは、映画が始まる前に、「大きな秘密が隠されてます」って言ってしまったことです。それも、どうしてブルース・ウィリスが、わざわざそんなことを言うのか(笑)。あれは監督からのお願いでいいと思うんですけどね。思わず笑ってしまいました。

とにかく、あれはいらない。あんなことを言うから、絶対なにか大きなオチがあるんやな、と思って見てしまうし、そしたらどう考えたって、途中でわかりますよ。

昔の吉本新喜劇の「ここには隠れてへんぞ」というのと一緒ですからね。「どこに隠れたんやー?」って聞いたら、押し入れの中から声がして、「ここには隠れてへんぞー」って(笑)。「秘密があるぞー」って自分から大声で言ってしまったら、バレバレでしょ。ちょっと観客をなめてますね。まあ、それでもだまされた人は「おもしろい」って言うんでしょうけど。

『ファイト・クラブ』も見ました。これは前半がよかった。でも、「後半は疲れちゃったねえー」って監督に言ってあげたい(笑)。編集にしても、最初はものすごく凝って、いろいろ遊んでみたけど、後半はなんか疲れてきたなあ、みたいな感じがものすごく伝わってきました。

『シン・レッド・ライン』はビデオで見たんですけど、これにはムカつきました。ほんと腹が立った。なんですか、あれ。

久しぶりに、僕の大和魂が騒ぎましたよ。僕は前に、マンションの上の階に住んでいる外人とケンカしたことがあるんですけど、「リターンマッチしたろうかな」と思ったくらい、腹が立ちました(笑)。日本人はもっと怒らないと。なめられてますよ。泣いて、おがんで、逃げ回って……ものすごくカッコ悪い。でも絶対に、当時の日本兵は全員があんなふうじゃなかったはずです。もっと堂々としてた人もたくさんいただろうし、根性があったはずです。

もちろん戦争映画で、アメリカと日本が戦ってるところを描いてるわけだから、どっちかの側が悪者になってしまうのはしようがないんです。僕が怒ってるのは、日本兵が悪役になってるからじゃなくて、日本人の描き方があまりに偏っていて、おかしいと言ってるんです。

アメリカ兵は、1人ぼっちになって大勢の日本兵に囲まれる状況になってもすごく堂々としてるのに、逆に日本兵がアメリカ兵に囲まれた時は、ものすごく情けないふうに描かれている。この監督は、絶対に日本人をバカにしてますよ。

たしかに戦争シーンは生々しかったたし、緊迫感もあった。映画的には、撮り方とかはうまいです。それは認めます。

でも、やっぱり戦争映画というのは、あれを二度と繰り返してはいかん、という気持ちにさせるためのものでないと、いけないと思うんです。なのに、僕は「もういっぺんやったろやんけ」とまで、思いましたから(笑)。たしかに今の日本人はあかんかもしれんけど、オレは違うで!って。観客にそう思わせること自体、まず戦争映画としてダメじゃないですか。

ビデオはよく借りられてるみたいやし、「おもろかった」って奴もたくさんいるんでしょう。けど、これを「おもろい」って言ってたら、あかんのとちゃうかなあ。こんな映画には、もっと怒らないと。

最近見た中で一番ビックリした。あぜん…としました

今月の新作は『マグノリア』ですね。感想を一言で言うと、最近見た映画の中で、一番ビックリした映画です。3時間もある長い映画で、見てもほとんど時間の無駄なんですけど、1カ所だけ笑えるところがありますから。

これから見る人に対しては、「とにかく一切の予備知識なしで見てみいや」と言いたい。まあ、僕があんまりそんなことを言うと、ブルース・ウィリスの「秘密」のパターンになってしまいますけども(笑)。

でも『シックス・センス』と違って、このオチだけは、絶対にわからないでしょう。もし、わかる人

がいたら、メチャクチャ頭の悪い人ですよ(笑)。僕は見終わって、あぜん…としましたから。監督の頭を後ろから、思い切りどついたろうかと思いました。「一体何を考えとんねん！」って。

こういう映画って、たまにありますよ。見てるうちに、急に展開がおかしくなって、明らかに、撮ってるうちに話を途中で変えたなってわかるのが(笑)。記憶に新しいところでは、『フロム・ダスク・ティル・ドーン』。「お前、最初に言うてた話と全然違うやないか！ 今、変わったで」って(笑)。

それで、「結局、全部夢やった」という結末だったら最悪なんですけど、『マグノリア』はそうではなかった。登場人物も、何が起こっても、意外なほど平然としてたし、コメディかと思いました。そういう意味では、ちょっとおもろいですけどね。

ただ、それが3時間もかけてやらなあかんことかといえば、疑問です。いろんな賞を獲ったりノミネートされてるそうですけど、その理由もよくわかりません。選者にすれば、「3時間もかけてあんな意外なとこにもっていったからには、監督には何か深い意図があるんやろう」と思って、「よくわからないけど、とりあえず候補に入れておこうか」みたいなもんと違うんでしょうか。あのオチは、普通の感覚では絶対に理解できるわけないですから。

この映画がたくさんの賞を獲って流行ったら嫌ですよ

この映画がたくさんの賞を獲って、こんなのが流行ったら嫌ですよ。「そうか、なんでもありなんや。映画にルールなんていらんのや」となって、最後にムチャクチャやったら、「トンでる監督や」みたいに思われる風潮が出てくるのはねえ。

そうはいってても、たしかにインパクトは強いんです。僕の場合、どうでもいい映画は、見てもすぐに忘れてしまうんですけど、『マグノリア』と言われたら、すぐにあのシーンが浮かぶくらい記憶に残ってますし、「なんか映画を見たいなあ」って友達に聞かれたら、「まあ、試しに一度見てみい」と言いたくもなります。

映画館で見たら、あの瞬間は、どんな感じになるんでしょう。カップルで行こうが友達同士で行こうが、多分、まずお互いに顔を見あわせて…ちょっと笑って…「なんやあれ!?」ってブツクサ文句を言いながら映画館を出て…2、3日たってから、「もしかしたら、あれはちょっとおもろかったんかなあ?…」って、思うんでしょうね。

う〜ん、こんなのを読んだら、めちゃ見たくなるんと違うかな(笑)。そういう意味では、波紋を投げかける映画であることは、間違いないです。ただ、僕は決してこの映画をすすめてはいませんけどね。

マグノリア

★★★★☆☆☆☆☆☆

ロサンゼルス郊外に住む12人が体験した強烈な24時間の物語

ロサンゼルス郊外に住む12人が体験したある1日の運命的な出来事を同時進行形で描く群像劇。ベルリン映画祭金熊賞ほか数々の映画賞を獲った。SEXの教祖役を演じるトム・クルーズの大胆な演技も話題に。

ストーリー

死の床に伏すテレビの大物プロデューサー、彼が昔捨てた息子、若い妻、看護人、ガンを宣告されたクイズ番組の司会者、彼を憎む娘といった、それぞれに悩みを抱え、一見なんのつながりもない12人が運命の糸にあやつられて結びついていく。

1999年 アメリカ映画
監督・脚本／ポール・トーマス・アンダーソン
出演／ジェレミー・ブラックマン、トム・クルーズ
3時間7分／日本ヘラルド映画よりDVD発売中（5800円）

シックス・センス

★★★★★☆☆☆☆☆

死者が見える少年を精神分析医が救う新感覚スリラー

死者が見えるためにおびえて暮らす少年をブルース・ウィリス扮する精神科医が救う新感覚スリラー。衝撃的なエンディングが評判になり、米国でも日本でも大ヒットを記録した。

ストーリー

小児科精神科医マルコム（ブルース・ウィリス）は、何かにおびえ続ける8歳の少年（ハーレイ・ジョエル・オスメント）を担当する。少年の心を解きほぐしていくうちに、マルコムは「死者が見える」という驚くべき告白をうける。

1999年 アメリカ映画
監督・脚本／M・ナイト・シャラマン
出演／ブルース・ウィリス、ハーレイ・ジョエル・オスメント
1時間47分／ポニーキャニオンよりDVD発売中（3980円）

ファイト・クラブ

★★★★★★☆☆☆☆

素手で殴り合う秘密クラブを描く問題作

『セブン』のデビッド・フィンチャー監督とブラッド・ピットが再び組み、素手で殴り合う秘密のボクシングクラブを始めた男たちの狂気の行く末を描く問題作。

ストーリー

不眠症のヤングエグゼクティブ、ジャック（エドワード・ノートン）は、タイラー（ブラッド・ピット）と知りあい、殴り合いの秘密クラブを結成する。やがてクラブは組織化され、反社会的な破壊活動を始める。

1999年 アメリカ映画
監督／デヴィッド・フィンチャー
出演／ブラッド・ピット、エドワード・ノートン
2時間19分／20世紀フォックスホームエンターテイメントジャパン（出荷停止中）

シン・レッド・ライン

★★☆☆☆☆☆☆☆☆

アメリカ軍と日本軍が争う激烈な戦場の最前線

米軍と日本軍が争った太平洋戦争。なかでも最も激烈といわれたガダルカナル海戦の最前線を大自然の美しい映像の中で描く戦争映画。テレンス・マリック監督の20年ぶりの作品。

ストーリー

1942年、ガダルカナル島に上陸した米軍C中隊の面々。待ち構えていた日本軍の猛反撃にあって、生と死の境（シン・レッド・ライン）をさまよいながら、様々な個人的な思いを抱く。

1998年 アメリカ映画
監督／テレンス・マリック
出演／ショーン・ペン、ジム・カヴィーゼル、ニック・ノルティ
2時間51分／パイオニアLDCよりDVD発売中（4700円）

グリーンマイル

誰が見ても、そう悪く評価しない「賞獲り映画」ですね

00年5月

『グリーンマイル』は、誰が見ても、そんなに悪い評価はしない映画ですよね。安全パイです。それなりにいいと思うんですが、ちょっとアカデミーとかの賞を意識し過ぎてる感じがするなあ。まあ、要するに、「賞獲り映画」ですよ(笑)。

僕は、映画に「賞」は本当に必要なのかあ、という気がしてるんです。僕らみたいにテレビで仕事をしてると、どうしても周りは視聴率を気にしながらやっていくようになって、できたものが本来あるべきものの姿からずれていくということが出てくる。だから、せめて映画の世界だけは、そんなものと関係ないところで自由にやれたらええのになあ、と思うんですよ。

でも、この『グリーンマイル』みたいな映画を見ると、やっぱり映画の世界にも賞というテレビでいう視聴率みたいなもんがあって、それを意識しながらつくってるな、寂しいなあ、という気がしてきま

すね。
ストーリーとかは、ちゃんとしてると思うんですよ。なにしろ、ちょっと前に先月号で話した『マグノリア』を見てたのでね(笑)。巨体の黒人が突然、口から金粉みたいなのを吐き出した時には、「これもマグノリアかい！　また、えらい方向に行くんか」と思ってしまいましたけど(笑)。まあ、こっちのほうは、ちゃんと意味がありました。

僕は長い映画はダメなことが多いんです。けど、これは不思議と3時間8分という長さは気にならなかった。そこは監督の語り口のうまさでしょう。

ほとんど刑務所のセットだけで、あんまり製作費もかかってないやろうし。それで、これだけ見せるというのは、それなりの映画やとは思います。

ただ、宣伝の文句に、スピルバーグ監督の「試写の間、こらえきれずに4回泣いてしまった」というコメントがありましたけど、それはちょっと違うかな。泣くようなとこは、なかったと思いますけど。ほめてるのかケナしてるのか、よくわからない言い方になってしまいました。それはきっと、僕はこういうタイプの映画は、あまり好きじゃないからでしょう。

いい人間と悪い人間がはっきりしてる映画って、好きじゃないんですよ。人間って、ホントはそんなんじゃないですから。もっと複雑なもので、この映画みたいにはっきり善悪を分けてしまうのは、僕は好きじゃない。でも、こういう映画のほうが、世の中では受け入れられるんでしょうけどね。

『グリーンマイル』はスティーブン・キング原作の映画化ということでも話題になってるみたいですけど、それなら僕は『ミザリー』のほうがよかった。単純にすごくおもしろいし、怖いし、★なら9くらいですよ。僕は、こっちをすすめますね。

同じ原作者の『ミザリー』は本当に怖かった

ベストセラー作家が雪山で事故に遭うんです。彼を助けたおばちゃんがその作家の熱狂的なファンで、作家はそのままおばちゃんの家に監禁されて、ひどい目に遭わされるという話なんです。

僕が、この映画で一番怖かったのは、よく言われている、おばちゃんが作家の足を折るとこじゃないんです。キャシー・ベイツが演じているおばちゃんが、「買い物に行ってくるから待っといてね」って言った後で、フガフガって鼻を鳴らすんですよ(笑)。

あそこが一番怖かった。うわー、今ブタの鳴き声したでえ、こいつ完全に頭がおかしいわあ、って。ものすごく怖かったです。

僕が以前、『ごっつええ感じ』でやったコントで、キャシー塚本という料理の先生の役がありましたけど、あれはそのおばちゃんのイメージがちょっと入ってるんです。

イカれてる人って、ホントにああなんですよ。全部おかしくなってるんじゃなくて、どこかまともなとこがある。で、普通の人かな、と思ってると、急にテンションがあがって、おかしなことをする。

僕のところにも、ヘンなファンがよく来るんです。いきなり自宅に訪ねてきて、「いつもテレビから私を見てますよねえ」って言う女とか、「早く金送れ」って、わけのわからん手紙をよこす女とか(笑)。きっと僕は、ほかのタレントさんよりもそういう経験が多いほうじゃないですか。

何度か、マジでヒヤッとしたことがありますよ。そういうこともあって、よくわかるんですけど、『ミザリー』は頭がおかしくなってる人間の怖さを、さりげないけど、うまく映画にしてます。

そういう意味でも、いい人間と悪い人間を分けてしまってる『グリーンマイル』よりも、『ミザリー』のほうが本当の人間を描いてるなって思うんですけどね。

『伝説の教師』で初めてドラマに出た理由

「どうしてドラマに出ることにしたのか」という質問は、もうさんざん聞かれました。毎回違うことを答えてるんですけど(笑)。

まあ、一昨年から昨年にかけて『ビジュアルバム』というコントビデオの3部作をつくってみて、それでドラマもおもろいんかなあ、と思ったということですよ。ふだんはドラマは全然見ないんですけどね。

もの凄い僕のファンの人はきっと反対やろうと思います。でも、そんなん全然関係ないし、最初からファンなんて信用してないので。結局、僕の中では、最終的に僕がどうなるか、ということですから。

1年や2年の周期だけ切り取って、どうやこうや、と言われたくはないですね。

撮り始めたばかりなので、そう簡単にドラマの現場がどうとは言えないですけど、ひとつ思ったのは、役者の人って完全燃焼しない仕事のやり方なんですね。

僕らお笑いの人間は、カセットコンロみたいに、本番に入ったら火をバーッとつけて、終わったらパッと止めてみたいな感じでしょう。とりあえず火は多ければ多いほどよくて、灰になるまで燃え尽きて、明日のことは明日考えよう、でしょ。

ところが、ドラマの役者さんは違うんですよ。トロ火でずーっと燃え続けるって仕事なんです。だから、僕の方はちょっとストレスがたまるんですけどね。

でも、もしかしたら、周りはびっくりしてるかもしれないですよ。現場で、僕がえらい素直になんでも言うこと聞くから(笑)。

僕のイメージとして、人の言うことを聞かなかったりとか、ワガママだと思われてると思うんです。もちろんそういう部分もあるんですけど、それは僕が自信があるお笑いの世界の話でね。ほかの世界に行って、それをやったらただのアホですから(笑)。そんな無駄なケンカはしたくないですよ。

とにかく演技はド新人ですから。この間も、生徒役の子が何回もNGを出して、「すいませんでした」と僕のところに謝りに来たんです。けど、「いやいや、オレもあんな演技ようせんで」って話ですよ(笑)。

それでも、一度は自分で役者というものを経験しておいたほうが絶対いい、と思ったのでね。終わった時に「もう二度とやりたくない」と思うかもしれません。けど、予防注射みたいなもんで、痛いけど早めに打っといたほうが、先のことを考えるといいはずなんです。

僕もいずれは、監督として映画を撮ることになるかもしれへんし。コントのビジュアルバムをつくったのも、この『シネマ坊主』の連載をやってるのも、今度のドラマに出ることも全部そうなんですけど、もう僕が望むと望まざるにかかわらず、「そっちへ行け」って導かれてるなあ、というのはすごく感じてますから。

撮影が始まったばかりなので、今ドラマで話せるのはこのくらいですね。来月は、もう少し違う話もできると思います。

伝説の教師…松本人志が高校教師を演じたドラマ初主演作。2000年4〜6月に日本テレビ系で放送された。

グリーンマイル

★★★★★☆☆☆☆

刑務所の看守と不思議な力を持つ死刑囚の交流を描く感動作

『ショーシャンクの空に』のフランク・ダラボン監督が再びスティーブン・キング原作を映画化。トム・ハンクス演じる看守が、刑務所内で命の奇跡を起こす死刑囚と出会い、体験する数奇な運命を描く感動大作。

ストーリー

1935年、ポール(トム・ハンクス)が看守主任を務めていた米南部の刑務所死刑囚舎房に、身長2メートルを超す黒人の大男が送られてきた。双子の少女を惨殺したというが、ある出来事をきっかけに、ポールは彼が本当に殺人者なのか、疑念を抱くようになる。

1999年 アメリカ映画
監督／フランク・ダラボン
出演／トム・ハンクス、デヴィッド・モース、マイケル・クラーク・ダンカン
3時間8分／ポニーキャニオンよりDVD発売中(5300円)

ストレイト・ストーリー

これはじいさんが贈り物を届けに行くサンタクロースの話ですね

00年6月

今月はドラマ『伝説の教師』の話からしましょうか。この号が出るころには3話まで放送が終わってると思いますけど、僕としては3話を見てほしかったですね。

1、2話は、僕もドラマに出るのは初めてで、何も知らない世界やし、割とスタッフに任せた感じなんですよ。あまり口をはさまないで、とりあえず言われるままにやってみた。で、ドラマの世界のこともわかってきたし、3話はだいぶ僕の考えを言ってるんです。

クレジットで原案・松本人志になってるのは、キャラを立ち上げたのはこっちなのでね。ドラマの話が僕のところに来た時は、企画はゼロの状態で、「さあ何をしようか」ってところからのスタートですから。毎回、大まかな話はこっちが考えてます。

1話のことでちょっと言っておくと、映画の『ファイト・クラブ』をパクったみたいに言う人がいるかもしれないですけど、そうじゃなくて、もともとが学校でファイト・クラブをやろうという話なんです。台本にも、タイトルにファイト・クラブって書いてあるし。放送では、なくなってましたけど。これは言っておかないと、パクったみたいに思われるのは嫌ですから。

ドラマの評価はどうでしょうか。土曜の夜9時台という時間帯ですから、僕が気にしてるのは、小学生の高学年から中学生、高校生くらいまでが、見てどう思ってるかです。大人がどう思うかは、ちょっとわからないですね。でも、業界人や大人のドラマファンから「あれおもしろいね」って言われてるようではあかんでしょう。

僕は、今回は子供をとりにいってますから。別にこの世界の玄人（くろうと）におもしろいと言われても、そんなことは今までずっとやってきたことなんで。このドラマでそこを求められてもねえ…。

でも、ドラマの現場にいると、すごく勉強になります。ドラマのスタッフというのは、バラエティのスタッフに比べて粘り強いというか。何回も同じシーンを撮り直したりとか、持続力の勝負みたいなとこがありますね。そんな現場のあれやこれやを見て勉強させてもらってるので、もし僕が監督として映画を撮ることになったら、きっと撮影は早く済むでしょうね(笑)。

中居正広クンは、いろいろ考えてますよ。頭がいいんだと思います。あんまり共演者をほめても気持ち悪いんですが(笑)。

朝早くからロケをやった日のことなんですけど、深夜の3時半くらいに終わったんです。みんなヘロヘロでした。それでも中居クンが僕の楽屋に来て、次に撮る話がちょっと気になる、って言い出して、それで監督も呼んで、朝まで打ち合わせをやりましたから。「ああ、偉いな」と思って、感心しました。

もっとポップに仕事をこなしてるイメージだったんですけどね。

『ストレイト・ストーリー』と『伝説の教師』は正反対

今月の映画『ストレイト・ストーリー』ですが、結論から言うと、悪くないです。

奇しくも、今やってるドラマとつながる話なんですけど、この映画はすごくテンポがゆったりしてますね。最初のシーンにしても、クレーン撮影だと思うんですが、カメラが上空から主人公の部屋に寄って行くのが、すっごい遅かった。それで僕は、ちょっとイラついたんですよ。

でも、考えたら、それは「この映画はこういうテンポよ。これでイラついてたらあかんよ」って、最初に断ってるってことでね。薬を飲む前の注意書きみたいなものという感じがしました。だから、最初の異常に遅いテンポが気にならない人は、僕よりもっとこの映画にハマったでしょうね。

逆に『伝説の教師』は子供が相手なんで、とにかく「わかりやすく」「テンポよく」って、1、2話は編集してましたから。でも、ゆっくり見せていくことも、ある程度は必要なんやろうな、とも思うんです。テンポ、テンポでいくと、どうしても個々のシーンが説明的になって、つなぎののりしろというか、余韻がなくなってしまう。そういう間って、ホントは大事なんじゃないかと思うんですけど、子供相手のドラマでそれをやってもしょうがないのかなあ、と思ったりもするし。僕もまだ、ちょっとわからない。でも、『ストレイト・ストーリー』が『伝説の教師』と逆の撮り方をしてるってことは間違いないです。

この映画で僕が感じたのは、サンタクロースの話なんかな、ってことです。

アメリカのアイオワ州の田舎に住んでる目と体が不自由な73歳のじいさんが主人公なんですけど、10年来仲違いしていた兄が心臓発作で倒れたという知らせを聞いて、和解するために会いに行くんです。それを自力でやりとげようとして、時速8㎞のトラクターで6週間かけて、560㎞離れた町まで旅をする。その道中でじいさんはいろんな人に出会って、その人たちの心に何かを残していくんですね。

それが、サンタクロースがいろんな人のところに贈り物を届けに行ってるみたいに思えたんです。鹿の角をトレーラーにつけてるのも、トナカイみたいに見えるし。じいさんは立派なあごヒゲをはやしてるし、服が赤でトラクターが緑でしょ。見た目もサンタクロースですよね。僕だけの解釈で、監督は全く思い入れがなかったりするのかもしれませんけど(笑)。

ラストシーンはあっさりしてて好きです。あれ以上セリフが多くてもうっとうしいし。このラストはかなりいいですね。

ただ、途中でじいさんが鹿を食べるシーンは、いらないといえばいらない。あまり優等生的な映画にしたくなかったので、1カ所くらいこういうシーンも入れとこ、ということなのかもしれません。でも何も、自動車に跳ねられて死んだ鹿を食べなくてもねえ。ちょっと、じいさんのキャラが壊れました。これがなかったら、本当にほのぼのした話だったんですけど。

★は半端ですけど、6・5です。7だと、ちょい点をやり過ぎでしょうね。

『ジャンヌ・ダルク』も見ました。リュック・ベッソンは、僕が好きな監督の1人ですけど、映画館に行く機会がなかなかなくて、ずっと見られなかったんです。

それをようやく見ることができたんですが、ドラマの収録が始まったばかりのころだったので、ロケが大変そうということばかり気になって(笑)。早朝の戦闘シーンは、多分朝の何時入りで、寒い中で鎧を着てずっと出番待ちして、雨降らしのシーンもうっとうしいやろうやあ、とかね。

で、中身はというと、これまでのベッソン作品に比べたら、あまりおもしろくなかった。

史実に基づいた話なのに、時々、監督の主観が入ってくるんです。たとえば、ダスティン・ホフマンが「ジャンヌの良心」を演じてるんですが、ああいうのはつらいなあ。

歴史物は、できるだけ事実だけを追求していったほうが、観客はすんなり映画の世界に入っていけるのであって、監督の主観映像なんか見たくないよ、ってことですよ。

リュック・ベッソンは好きな監督だったんですが…

ジャンヌ・ダルクを演じているミラ・ジョヴォヴィッチは、わりとよかったですけどね。『フィフス・エレメント』の時よりも全然いいと思いますよ。なりふり構わずにやってますから。あんまり異性の目を意識せずに、ビジュアルのことを気にせずにがんばってるんでいいと思いました。

でも結局、見終わったら、『ブレイブハート』(メル・ギブソン監督・主演)と印象がかぶったんです。中世のスコットランドで民衆を率いて圧制者と戦った英雄を描いた『ブレイブハート』は僕の好きな作品ですけど、『ジャンヌ・ダルク』よりもずっといいですね。

ベッソン監督は好きだったんですけど、だんだん違うかな、と思ってきました。やっぱり『レオン』

がピークやったのかなあ。

ストレイト・ストーリー

★★★★★★½☆☆☆

ガンコ老人が6週間かけてトラクターで1人旅

『ツイン・ピークス』などのデイヴィッド・リンチ監督が新境地に挑んだロードムービー。シンプルなストーリーは実話に基づいている。主演のR・ファーンズワースがアカデミー主演男優賞にノミネートされた名演技を見せる。

ストーリー

米アイオワ州に住む73歳のアルヴィン・ストレイトは娘のローズと2人暮らし。10年間、仲違いしていた76歳の兄が心臓発作で倒れたことを知り、和解するため、車で行けば1日の距離のところを、たった1人で時速8kmのトラクターに乗って6週間かけて会いに行く。

the Straight Story

©1999 THE STRAIGHT STORY

1999年　アメリカ映画
監督／デイヴィッド・リンチ
出演／リチャード・ファーンズワース
1時間51分／コムストック、テレビ東京、ポニーキャニオン、テレビ大阪よりDVD発売中（4700円）

ジャンヌ・ダルク

★★★★☆☆☆☆☆☆

17歳でフランスを救った伝説の英雄少女の運命

フランスの歴史上最も有名な女性ジャンヌ・ダルクを『レオン』『フィフス・エレメント』などのリュック・ベッソン監督が新解釈で描く歴史スペクタクル劇。大勢の人間が実際にぶつかりあって演じた本物の戦闘シーンも話題に。

ストーリー

15世紀、英仏百年戦争中のフランス。神の声を聞いたジャンヌは、17歳でそのメッセージを仏王太子に伝え、2カ月後には軍を率いてオルレアンで英国軍を撃退。救世主と奉られる。しかし18歳で捕らえられ、敵の手に売り渡され、19歳で魔女として火刑に処される。

1999年　アメリカ映画
監督／リュック・ベッソン
出演／ミラ・ジョヴォヴィッチ、ジョン・マルコヴィッチ
2時間37分／ソニー・ピクチャーズエンタテインメントよりDVD発売中（3800円）

アメリカン・ビューティー

こういう「ノンジャンル」の映画はこれから増えるでしょうね

00年7月

『アメリカン・ビューティー』のジャンルはなんでしょうか。コメディでもあるけど、そうでもなかったりもするし。「ノンジャンル」ですね。

こういう映画は、これから増えるでしょう。これはコメディですとか、アクションですとか、そういうお決まりのジャンル分けにあてはまらない映画が。それはいいことだと、僕は思うんです。

やっぱり損ですから、ジャンルを決めてしまうと。たとえば、コメディですって言ってしまうと、よっぽどおもしろくなかったら客として納得できへんし。コメディじゃないですよって言われてたほうが、ちょっとしたことが、妙におもしろかったりするし。それが、映画の本来の姿と思うんです。

なぜ、人はすぐにジャンル分けしようとするんですかねえ。僕は違うと思うんですよ。だって悲惨な戦争映画をおもしろいと思う人もいるでしょうし、本来泣かすつもりでつくってる映画で、笑ってしまうこともあると思うし。ジャンルって、いったい誰の基準で決められるねん！って、前からおかしいと思ってるんです。

『アメリカン・ビューティー』に話を戻すと、一番よかったのはケビン・スペイシーの演技です。彼はもう単純に、演技がうまい。ゲイに間違えられてキスされるところなんか、おもしろかったですね。彼は、前から好きな俳優なんですけど、これ以上メジャーになってほしくないかなあ。アカデミー主演男優賞を獲ったから、もう十分メジャーなんですけどね(笑)。でも、日本での認知度は、まだまだでしょ。

脚本はあまりおもしろいと思わなかったんですけど、結局、ケビン・スペイシーの演技力で笑ってしまうんですよ。それは多分、監督の力じゃない部分で、いわば副産物です。だから、これは役者に助けられてる映画じゃないですか。

映画館で見たんですけど、外国人はよく笑ってました。多分セリフとかがおもしろいんでしょうけど、英語がわからないと、僕らには笑えない。お前ら、なにがそんなにおもしろいねん？って話ですよ。あと、主人公のキャラクターもよかったですよ。最悪のオヤジですね、こいつは(笑)。もうどうしようもないな、というところが、僕は好きかなあ。

★は6つでしょう。アカデミー賞5冠の評判を聞いて、期待してわざわざ映画館に行って、1800円を払って見たので。その分ちょっときびしいです。これがビデオで借りて見てたのなら、★は8つです。

『エニイ・ギブン・サンデー』はアメリカンフットボールの世界を題材にしたスポーツ映画ですけど、

とにかく長い。2時間31分もあって、見るのが苦痛でした。

アメフトがわからないからドキドキ感が全くない

この映画は、一体何が言いたいのか。今までさんざん見た話を、もう一度見せられてるみたいで、新しいもんは何もないです。「アメフトを知らない人が見ても十分楽しめる」と言うバカもいるんでしょうけど、どう考えても、アメフトがわからんと、この映画は楽しめないでしょう。ルールがわからないから、ドキドキ感が全然なくて、全くおもしろくなかったですね。

★も1にしたいくらいですけど、音楽が少しかっこよかったので、それを足して2に。まあ、CDショップにふっと寄った時に、サントラがあったら買ってもええかなってくらいのことですけど。映画自体には、なんの思い入れもないです。

オリバー・ストーン監督の作品は、『プラトーン』は、まあまあ好きでした。あとは『7月4日に生まれて』『ウォール街』『JFK』ですか…『ナチュラル・ボーン・キラーズ』は評判になってて、おもしろそうだったので映画館に行ったんですけど、だるかった。最悪でした。

つまり、この監督は、基本的に戦いが好きなんですね。それで今度はアメフトにいったんでしょう。それでアメリカ人はそこそこ見るでしょうけど、日本人はねえ…。

だから、本当のことを言うと、僕はこの映画を論じたらいかんのかもしれない。アメフトをわかってないから。それにしても、人間ドラマもあまりにも薄っぺらで、なんかそのまんまやなあって感じでした。

主役のアル・パチーノも、彼の映画でいいと思うのは『ゴッドファーザー』『スカーフェイス』『カリートの道』の3本です。全部ヤクザ映画ですよ。だから今回のコーチみたいに、違う役をされても、僕は入っていけないところがありましたね。

『地獄曼陀羅 アシュラ』は、前に僕がインド映画の『ジーンズ』をすごくおもしろがったので、編集部から「時間があれば…」ってすすめられて見たんですけど。結論から先に言うと、やっぱりインド映画は好きです(笑)。

独自の世界にいってるから、おもしろい。細かいことはおかまいなしですから。つながりもメチャクチャ悪いとこがありましたよ。セリフを言いながらパイロットが上着を着るんですけど、それでカットが変わったら、上着を着てない。どんなアホな観客でも気づきますよ(笑)。でも、そんなん全然気にしてつくってないんですから。

だからインド映画を見てると、笑いって深いというか、「笑いってなんやろうなあ」って、またちょっとわからなくなってきます。この映画を撮ったスタッフで、客を笑わしてやろうと思ってた人は、誰もいないはずですけど、僕ら日本人が見たら、絶対笑ってしまいますもん。逆に、インド人が笑える映画をつくろうとしたものは、きっと全然おもしろくないんでしょう。最初に言った、ジャンルってなんやろってこととつながる話なんですけどね。

ただ、踊りは完璧でした。踊り出す時のカット割りとかもうまいし。きっと、あそこに命をかけてて、ストーリーとかはグズグズでも、どうでもええがなってことなんでしょう。

インド映画の踊りの原点は、目の動きだと思いましたね。目線がすごいんです。僕は、あのダンスは「緊張と緩和」やと思って見てたんですが、インド人はそんなことみじんも思ってないでしょう(笑)。

インド映画は楽しいし、好きですけど、きっと僕はインド人の意図しているとこで楽しんではいないんですね。だからインド映画を批評するのは難しい。でも、結局は、見てて楽しいんやから、ええやんってことですよ。映画の本来の目的というのは、やっぱりそこだから。これで、もう少し短くて、もう少し踊りがいっぱいあったら、もっと楽しかったですけど。

『伝説の教師』は僕のめざす気持ち悪いバランスの作品

最後に、今やってるドラマ『伝説の教師』のことを少し話しておきましょう。いろんなことがあったんですけど、6話でやっとドラマというものが、自分でも見えたかなあと思ってるんです。だから、6話から最終回までは出来はいいと思いますよ。

ちゃんと、新しいものがつくれたと思ってるんですけどね。さっきの『アメリカン・ビューティー』じゃないですけど、どのジャンルにもあてはまらないようなもんが。コントでもない、ドラマでもない、僕のめざしていた、いい意味での気持ち悪いバランスのパーセンテージの作品ができたと思うんです。それはきっと、僕以外の誰もできへんかったことやと思うし。

もちろん11話の全部に僕がかかわったわけじゃないので、僕があまり関与してない回でおもしろい、おもしろくないと言われても困るんですけど。

10、11話をどうするかは、ちょっと悩んでいるところです。それで最終回の11話には、見てる人がビックリするようなことも、考えてるんですけどね…。

アメリカン・ビューティー

★★★★★★☆☆☆☆

崩壊していくアメリカの家族をシニカルに描く

2000年のアカデミー賞で作品賞、主演男優賞、監督賞、オリジナル脚本賞、撮影賞の5部門を受賞した話題作。今の米国の家庭や社会のありのままの姿を浮き彫りにした点が高く評価された。

ストーリー

郊外に住む3人家族は米国のどこにでもいそうな中流家庭。夫（ケビン・スペイシー）はリストラの危機、妻は仕事に行き詰まり、高校生の娘は両親を冷めた目で見ている。ある日、出会った娘の友達に夫は一目ぼれして、妻は浮気に走り、家庭は崩壊へと進み始めた…。

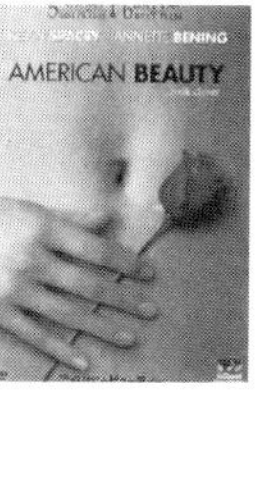

1999年　アメリカ映画
監督／サム・メンデス
出演／ケビン・スペイシー
2時間2分／ソニー・ピクチャーズエンタテインメントよりDVD2月22日発売（3800円）

エニイ・ギブン・サンデー

★★☆☆☆☆☆☆☆☆

オリバー・ストーン監督が暴くアメフト界の舞台裏

プロのアメリカンフットボールチームを舞台にした、ゲームに選手生命を賭ける男たちの人間ドラマ。巨額のマネーが動くスポーツビジネスの舞台裏も描かれる。

ストーリー

マイアミ・シャークスは、連敗と観客減でドン底のプロ・フットボールチーム。オーナーは、アメフトをビジネスとしか考えない若い女性（キャメロン・ディアス）。このチームを、人生の全てをアメフトに賭け、妻子にも去られた鬼コーチ（アル・パチーノ）が立て直していく。

1999年　アメリカ映画
監督／オリバー・ストーン
出演／アル・パチーノ、キャメロン・ディアス、デニス・クエイド
2時間31分／日本ビクターよりDVD発売中（4700円）

地獄曼陀羅 アシュラ

★★★★★★★★☆☆

ストーカーに夫と娘を殺された美人妻の復讐劇

レイプなど強烈なバイオレンス描写がすさまじいインド映画。だが、途中で挿入されるダンスシーンの数々はほとんどストーリーと関係なく、華麗な歌と踊りを見せてくれる。劇場公開題は『アシュラ』。

ストーリー

スチュワーデスのシヴァーニーはストーカー行為を受け、夫と娘を殺され、自らも刑務所へ入れられてしまう。刑務所ではリンチを受け、どん底まで突き落とされた彼女は、ストーカーに復讐を始める。

1993年　インド映画
監督／ラーフル・ラワィル
出演／マードゥリー・ディークシト、シャー・ルク・カーン
2時間50分／パンドよりDVD発売中（4800円）

TAXi2

この映画は、おかんの晩メシの新メニューみたいなもんです

00年8月

『TAXi2』は、前作の『TAXi』がすごくおもしろかったので期待してたんです。でも、ダメでしたねえ。

前作に比べて笑いの部分が多くなってるんですけど、ベタベタなんです。世界がマーケットですから、笑いがベタになっていくのはやむを得ないことなんですけどね。でも、僕は気持ちが離れてしまって、だるかった。僕は笑いを仕事にしてるので、そこでスベられると、全部見られなくなってくるんです。職業病なんでしょうけど。

きっと、こういうことやと思うんです。前作を見た人は、わりとみんなおもしろいと感じたと思うんです。で、今回の続編をつくった監督は、みんながおもしろがった部分をはき違えて膨らましてしまったんやろうなと。勝手にココが気に入られたんやと思いこんで、もっと笑いの部分を出そうとしたんでしょうけど、誰もそんなとこはおもろいと言ってないよ、という話ですよ。

おかんの晩メシの新メニューみたいなもんでね。おかんが新しいメニューに挑戦するんですよ。これが意外にうまかったりするんです。で、「これ、ええやんか」ってほめると、おかんは調子にのって、さらに手を加えて、いい材料を使って、時間もかけて、もっとほめられようと思って気合いを入れるんです。そしたら、全然違う方向へ行ってしまうっていうね(笑)。よくある失敗なんですけど。まさにそれですよ。前のまんまでよかったのにねえ。

それと、日本人がたくさん出てくるんですけど、必ず琴みたいな音が流れてたりするんです。ああいう描写も、どこまでマジでやってるんでしょうか？　日本人のことをわかった上で、一周回ってやってるのか。多分、違うでしょうね。

まあ、ちゃんと日本語をしゃべってただけましですけど。日本語をしゃべってないのに日本人や、って映画もありますから。中国とごっちゃになってたり、カンフーしたり(笑)。でも最近は、間違いがあまりに多すぎて、変な日本人が出てきてもあまり腹も立たなくなりましたけど(笑)。

前にも言いましたが、僕はリュック・ベッソン監督は好きだったんです。でも、こないだの『ジャンヌ・ダルク』といい、今回の映画といい、お前もか！って感じです。これは、日本人にはとっつきにくい映画じゃないですかねえ。

前作は、後半のカーチェイスの見せ方がすごく好きでした。音楽のつけ方もカーチェイスにありがちな曲じゃなかったし。それが今度は、ただのベタベタなカーアクション映画になってしまって、プラス笑えないギャグと間違った日本人の描き方でしょ(笑)。前作が★8つとしたら、今回はせいぜい★3つでしょう。

あえて、いいところを探せば、ロケハンの場所がちょっと好きかなあ。いわゆる絵になる景色のいい場所じゃなくて、汚いっていうか、わりとそのへんで撮りました、という感じでした。そういうのは、ちょっと好きなんです。ウォン・カーウァイ監督の撮り方もそうじゃないですか。あえて汚いとこを見せるというか。映画を見て、この国に観光に行きたいって、あんまり思わないじゃないですか(笑)。そういうほうが僕は落ち着くんですね。そういう意味でも、インド映画はいいわけですよ(笑)。

映画評論家は絶対こういう評価をしないでしょうけど

『サイダーハウス・ルール』は、きっといい映画なんやろなあ、と感覚的にはわかるんです。わかるんですけど、そんなにビビッとこなかった。なぜでしょうね？　別に何が悪いってこともないし…。

正直言うと、ドラマの収録があって、時間に追われながらバタバタの中で見てしまいましたから。こういうタイプの映画を見るテンションじゃなかったですね。もう1回ゆっくり見てみたいです。

僕の基本はお笑いなので、映画を見てても、軽くていいから最後に何かオチがあると、うれしかったりするんですよ。そういう点でも、オオッ！というほどでもないけど、軽くおとしてくれて、わりと好きなパターンなんです。始まりも、何かおもしろそうやなあってスッと入っていけたし。

おかしいなあ、もうちょっといい評価ができるはずなのに…と思いながらもピンとこない。スタイルもええし、好きな顔立ちやのに、なにか勃起しない、とでも言いましょうか(笑)。

だから点数は非常に難しい。まあ見てみてください、という感じですかね。悪くはないと思いますよ。映画評論家は、絶対こういう評価はしないでしょうけどね。でも、評論家だって、いつもベストな体調で見てないはずです。2本とか3本とか続けて見なあかん時なんか、どっちを先に見るかで、絶対に評価も変わってくると思うんですけど。

ドラマ『伝説の教師』の放送が終わったので、僕にとってドラマ出演はどうだったのかを、少し話しておきましょう。

僕が特に好きだったのは3話、6話、8話、11話ですね。8話なんかは、もう完璧に近い出来やと思います。もうすぐ死んでいくという生徒のために、僕と中居クンの教師が体育館で漫才をやるんですけどね。

あれは本当に画期的な、誰もやったことがないことなんですよ。ドラマの中で本当に漫才をやり、思いきり笑わせながら、しかも泣きそうになるということは。

今までもドラマでお笑いをやることはあったでしょう。けど、何が違うかというと、笑いは別撮りだったんですよ。おかしくもないのにエキストラが笑うんです。そんな笑いは絶対ウソやとわかるじゃないですか。少なくとも僕ら専門家が見れば。第一、そのネタがおもしろいわけがないんでね。

でも、僕は本当に笑いができますから。今回は一切笑い声も足してなくて、出演者は本当に笑ってる。僕にしても、初めての経験でした。自分で漫才やりながら、途中で哀しい曲が入ってくるというのは。

結局、ドラマで僕がやりたかったのは、そういう誰もやってないようなことだったんです。

全話を通じて、編集も笑いを最優先でやってもらいましたし。ストーリーがつながってなかろうが、矛盾してようが、笑いのとこは絶対カットしないでくれって(笑)。

最終回で、浜田と木村くんが出てくれて、僕と中居くんと、4人がそろったというのも、そういうことでね。

僕は、いい意味でも悪い意味でも、ドラマをつぶしたかったから、ドラマをやると決めた時から、浜田に出てもらおうと思ってたんです。最後の1シーンだけチラッと出るみたいなことを、ボーッと考えていて。で、3話か4話を撮ってるころかな、中居くんにその話をしたら、「浜田さんと一緒にドラマに出たこともあるから、うちの木村も」となって、あれよあれよという間に現実になったんです。

ちょっと卑怯な手かな、と思ったりもしたんですけどね。でも、できるんやから、やったらええやん、と思って。僕がドラマをやるとなったら、そうやってみんなが力を貸してくれるのも自分の器量やろうと(笑)。それで、最後の最後に見てる人がびっくりしたら、絶対おもしろいですから。

ドラマの名を借りて本当はドラマをやってなかった

今回のドラマをやると発表した時、「松本はドラマはやらない、笑いしかやらないと言ってたんと違うんか」とあちこちで言われましたけど、1話からちゃんと見てくれた人は、僕が本当は何をしたかったのか、わかったと思うんですよ。ドラマの名を借りて、本当はドラマをやってるんじゃないってことが。

でも、それはドラマが始まる前には、言えなかったからですからね。ずっと黙ってたんですけど。

ドラマを3カ月やってみて「もう二度とやりたくない」と思ってないのは事実です。

それと、やっぱり僕は役者にはなれない。言われたものをただ演じるだけで、話がおもしろくなかったり、つじつまがあってなくても、自分はただの役者やから関係ない、とは割り切れませんから。

TAXi2
★★★☆☆☆☆☆☆☆

パリ市街で繰り広げられるすさまじいカーチェイス

『TAXi』(98年)に続いて、リュック・ベッソンが製作・脚本を手がけた。敵は日本のヤクザで、黒の三菱ランサーが登場、パリ警察のパトカー数十台をガレキの山にして、仏軍戦車まで巻き込んだチェイスが繰り広げられる。

ストーリー
スピード狂のタクシー運転手ダニエルは、ひょんなことからVIP警護用特殊カー〝コブラ〟の運転を命じられ、防衛庁長官をパリまで送り届ける任務につく。その途中、長官が日本人ヤクザに連れ去られ、救出作戦が始まり、パリ市街で壮絶なカーチェイスが繰り広げられる。

2000年 フランス映画
監督／ジェラール・クラビック
出演／サミー・ナセリ、フレデリック・ディーファンタール
1時間28分／日本ビクターよりDVD発売中(4700円)

サイダーハウス・ルール
★★★★★★☆☆☆☆

孤児院で育った若者の旅立ちと人生経験を描く感動作

『ガープの世界』などで知られる米現代文学の巨匠ジョン・アーヴィングの同名ベストセラーの映画化。孤児院で育った青年が様々な人生経験をする。2000年アカデミー賞で最優秀助演男優賞、最優秀脚色賞を受賞した。

ストーリー
孤児院で生まれ育ったホーマーはある日、若いカップルと共に、孤児院を飛び出した。初めて見る海、ドライブインシアター、初めての恋と、彼は驚きの目で新しい世界を発見していく。リンゴ農園で働くようになった彼が見つけた「生きていく」本当の意味とは…。

1999年 アメリカ映画
監督／ラッセ・ハルストレム
出演／トビー・マグワイア、シャーリーズ・セロン、マイケル・ケイン
2時間6分／アスミックよりDVD発売中(4700円)

カノン

人間として最低なオッサンの話ですけど、共感を覚えました

00年9月

今月の映画は、2本とも好きですね。今回は久しぶりに当たりでした。★は『カノン』が9で、『マルコヴィッチの穴』が★8です。10と9でもいいくらいですけど。

まず『カノン』ですけど、僕がこの映画で一番ひかれたのは、おそらく主人公のオッサンの歩く速度なんやろうなあと思うんです。歩くスピードというのは、この映画のかなり重要なポイントだと思います。遅くもなく、速くもなく、なんとも言えんスピードなんですよ。

ほとんど同じ速度で歩きながら、ずーっと一人でべらべらべらべら言うてるシーンが続くんですけど、あれが好きでしたね。

一人しゃべりって、心の声ですよね。その心の声と、おっさんの歩く速度がすごくいいバランスなんです。

もし、すごい早歩きだったら、こいつの思ってることって、ムチャクチャに聞こえますよ。ものすごい傲慢で、自分勝手なやつ、というだけで終わってしまうと思うんです。逆に、ゆっくり歩きすぎても、いじましいだけの人間にしか見えない。

ところが、この映画の速度だと、こいつは勢いだけで言ってるんじゃないなっていうのが、すごく伝わるんですね。

まあ、何を言うてるかというと、どうしようもないことでね。人間として最低なんですけど。自虐的で、自分のことを〝チンポ〟と決めつけてますから(笑)。でも、この主人公には共感を覚えました。

結局、救われない映画なんですよ。最後の最後は、ダーティな終わり方だし。でも、主人公はカッコいいです。タランティーノ監督の映画に似てるような気もするんですね。うっとうしいわ、こいつ！ 腹立つ！という主人公ですよ。でも、そのうっとうしさにひかれてしまうという。

僕は好きな映画ですけど、きっと日本では興行的にはあたらないでしょうね(笑)。もしこの映画があたるのならば、松本人志はもっと好感度が高いでしょうし、CMの話もいっぱいきてるでしょうから(笑)。

ただひとつ、好きじゃなかったのは、ラストの20分くらい前に、「今なら映画館を出るのに間にあいますよ」っていう警告が画面に出てくるとこです。あれはなんでしょうか？ ほかの監督があまりやってない試みを入れたかったのかなあ。ちょっと変わってるでしょう、っていうね。でも、さらっと話を進めてくれたほうがよかった。

たしかに、この映画を人に紹介する時に、一番言いたくなるのはそこなんですけど。

「実はラストの近くで、今なら映画館を出るのに間にあうで、って警告が出て、カウントダウンがあって、そこから先にちょっとヘビィな映像があるんや」。そう言われたら、「へえーっ、ちょっと見てみたいな」となりますよね。でも、いざ全部見終わったら、あそこはちょっと邪魔なんです。

何をもって〝おぞましい〟とするかの基準が見えてしまう

つまり、何をもって〝おぞましい〟と感じるのかという、この監督の基準が見えてしまうじゃないですか。だって、警告の後の映像がおぞましいというのは、あんたの価値観であってね。僕みたいに、その前の「オレはチンポだ」ってグチグチ言ってる場面のほうが、よっぽどおぞましいと思う人間もいるかもしれないわけですよ。だから、あれを入れると、「なんや、しょせんは普通の人の発想を持ってるんや」と思われてしまって、少し残念な気がするんです。

お笑いでもそうなんですけど、自分がちょっと自信があるボケだと、少し声を張り上げられてしまったりして、見てるほうはかえって冷めてしまうことって、あるじゃないですか。意外にさらっと言ってくれたほうが、よっぽど笑えるってことが。

この映画も、あそこで期待値のハードルを上げてしまうので損してますね。実際は期待するほど、ムチャクチャおぞましい映像でもないですから。もっと観客を突き放した映画のはずなんですよ。なのに、あそこだけ観客に歩み寄る。客いじりですよ。それはやってほしくなかったなあ。

『マルコヴィッチの穴』は、あるオフィスビルのなかに穴があって、その穴に入ると15分だけマルコヴィッチになれるという話です。マルコヴィッチというのは実在の俳優で、本人が自分の役で出てるんです。

僕も、それらしいコントを考えたことがあったんです。たしか脱獄犯の話で、囚人が穴を掘って、やっと外へ出たと思ったら、何かの舞台の稽古中で、それであわてててまた違う穴を掘って、今度はバスの中に出たりとか、あるいはどっかの家の物置やったりとか、いろいろ場面が変わるというやつでしたけど。

発想としては僕の中にないものではないので、映画を見ながら共感を覚えたり、少し悔しかったりもしてね。

誰かが中に入った時のマルコヴィッチの目線は、もっとやりようがあったと思いますけど。ただ周りをぼかしてるだけでしたが、ちょっと古いやり方ですね。

あのあたりは、僕が昔『ごっつ』でやってたオジンガーZを思い出したりもしました。ジジイの中に乗り込んで操縦するんですけど、その発想にも近い。

マルコヴィッチ本人が穴に入ったらどうなるのかという場面で、みんなマルコヴィッチに見えて、マルコヴィッチ、マルコヴィッチ、マルコヴィッチ…には笑ってしまいました。「アホやがな、こいつ！」って(笑)。僕はあんまり映画で笑ったりしないんですけど、このシーンだけは、あんまりアホらしすぎて、笑ってしまいました。

やっぱり、すごい期待するじゃないですか。本人が本人の頭の中に入ると、何が見えるんだろうって。そこで、あんまり幼稚な展開だったので(笑)。

まあ、僕は、マルコヴィッチが見たマルコヴィッチはハゲてないと思ったんですけど。髪がふさふさで、もうちょっと微妙に男前だったりするんでしょう。自分が思ってるマルコヴィッチは(笑)。全員がマルコヴィッチに見えてしまうというのは、ちょっと違うと思ったんですけど。

あと、穴の出口がなんで高速道路の横やねん？とか(笑)。まあ、細かいとこはメチャメチャなんですけど、監督は「そんなんは知らんで、とにかく撮るで！」という勢いでつくった映画なんでしょう。

それでもおもしろいし、深い映画でもあります。男と女ということでも、見終わった後で、なかなか考えさせられますし。

こっちは、興行はそこそこあたるんじゃないでしょうか。タイトルもいいですよ。パッと聞いて、「どういうことやろ？」って思うし。ちょっとメジャー感からはズレてますけど(笑)。

『カノン』『バッファロー'66』になぜ僕はひかれるのか

今回の2本ですけど、人に「どっちを見に行ったらいい？」と聞かれたら、「『マルコヴィッチの穴』のほうがいいんと違うか。でも僕は、どっちかというと『カノン』のほうが好きやけど」という答え方になりますね。もちろん相手にもよりますけど。

『マルコヴィッチの穴』は、誰が見ても、そこそこおもしろいはずですから。これをおもろないと言う人は、そういないんじゃないでしょうか。でも僕は、もう1回見ようとは思わないんです。だからDVDで買うとしたら、絶対に『カノン』のほうなんですよ。なぜなんでしょうか？

昨年公開された『バッファロー'66』なんかも、僕にとっては同じような映画なんです。最近またDV

Dで見ましたけど、おもしろかった。多分、死ぬまでにあと何回かは見るんじゃないでしょうか。

考えてみると、僕のつくるものも、だいたいそうなるんですよ。1回見ただけでオッケーという感じにはならないものを、どうしてもつくってしまう。だから僕は、『カノン』や『バッファロー'66』みたいな映画にひかれてしまうんでしょうね。

カノン

★★★★★★★★★☆

キャスパー・ノエ監督が描く
父と娘の極限の愛の形

馬の肉を売る父親と口をきかない娘の禁断の愛を描き、注目された『カルネ』のギャスパー・ノエ監督。タランティーノ監督やヴィンセント・ギャロも才能を高く評価した。4年ぶりの新作は、暴力や性をさらに衝撃的な映像でつづる。

ストーリー

フランスの北の街リールで、馬の肉を売る男が、馬に恋した娘を追ってパリに向かって歩き続ける。男は中東移民やゲイ、精肉協会のお偉方にキレて大暴れ。その先にあるものは…。

1998年　フランス映画
監督／ギャスパー・ノエ
出演／フィリップ・ナオン、ブランディーヌ・ルノワール
1時間33分／日活よりDVD発売中（4700円）

マルコヴィッチの穴

★★★★★★★★☆☆

15分間だけマルコヴィッチに
なれる不思議な穴の話

ビョーク、ビースティ・ボーイズらの音楽ビデオやナイキのCMなどを手がけたスパイク・ジョーンズの第1回監督作。2000年のアカデミー賞主要3部門（監督賞、オリジナル脚本賞、助演女優賞）にノミネート。

ストーリー

しがない人形つかいのクレイグ（ジョン・キューザック）は定職につこうと、"7と1／2階"にある不思議な会社に就職する。ある日、キャビネットの裏に落とした書類を拾おうとした彼は、壁に大きな穴を発見する。それは15分間だけ俳優のマルコヴィッチになれる穴だった。

1999年　アメリカ映画
監督／スパイク・ジョーンズ
出演／ジョン・キューザック、キャメロン・ディアス、ジョン・マルコヴィッチ
1時間52分／アスミック、角川書店よりDVD発売中（4200円）

M:I-2

絶対にしてはいけないルール違反がひとつありました

00年10月

今月はけっこう映画を見ました。『M:I-2』は映画館で今田耕司らと見たんですけど、いい意味で、「ジョン・ウー監督ってアホやな」っていう映画ですね。

発想が子供なんです。撃ち合いが好きで、拳銃も1個より2個のほうがええで、飛びながら撃ったらもっとええでっていう。昔からそんな遊びばっかりしてたんじゃないですか。それを、ここまで映像化できるというのは素晴らしいことですけどね。

最後の対決で、バイクが出てきた時はびっくりしましたけど(笑)。なんでこの期におよんでバイクに乗るねん？　これも結局、バイクで競争させてみたかったというだけの話ですから(笑)。

最初のほうの車のチェイスシーンも笑いました。その前のフラメンコのシーンでかかったのと同じ曲が流れて、2台の車がフラメンコみたいに回りながら併走していくとこ。周りは誰も笑ってなくて、僕と今田だけが笑ってましたが、あそこはもっと笑っていいとこですよ。なんで急にスローモーションになっとんねんって(笑)。

だから、まともに見たら何も得るものがないですけど、それでも見られるタイプの映画ではあります。★も36歳の僕がつけるなら3ですけど、子供の気持ちになって小難しいことを考えないで、「ああ、楽しいなあ」って見れば7でしょうね。

ディズニーランドみたいなもので、大人の感覚で入ったら、つっこむとこはいっぱいあるけど、「もうディズニーランドに来たんやし、楽しもうや」って感覚でいけば、それなりに楽しめる映画やと思いますね。

ただ、ひとつ映画としてルール違反がありました。あれは絶対やってはいけないことじゃないかと、僕は思うんです。

最後のほうでトム・クルーズが捕まって出てくるんですけど、本物のトム・クルーズじゃなくて、彼に変装させられた敵なんですね。それはすぐにわかるんですけど、その偽のトム・クルーズが、出て来た時に敵の側にある血清をちらっと見るんですよ。そしたらカメラもスッと血清によっていく。

それで僕は、アレッ?と思ったんです。これはもしかしたら本物のトム・クルーズなんか? 結局、違ってたんですけど、そしたら、あの目線はなんやったんや、となりますよね。監督とカメラマンが協力して観客をだましてるんです。でも、なんぼただのアクション映画でも、それは絶対やったらあかんことでしょ。たぶんジョン・ウーの言い訳としては、あれは血清を守ろうと思って見たんやということでしょうけど、それはダメ。ルール違反ですよ。

『グラディエーター』は長い。僕のタイムリミットは2時間

『グラディエーター』は長かった。2時間半くらいありましたから。映画に限らないけど、僕のタイムリミットはやっぱり2時間くらい。それ以上になると、よっぽどおもしろくないとつらいです。

お笑いのライブでも、ほかの人はけっこう2時間以上やってますね。自信のなさなのか、終わることができないのかよくわからないですけど、僕は1時間バッチリ笑わせたらそれで十分やと思うんです。でも、客は損をした気がするのかなあ。

まあ、とにかく『グラディエーター』は、誰に聞いても、「すごくいい」「ベスト10に入る」という映画じゃないことは確かですよね。それは演者も監督も、みんなわかってやってることやと思いますけど(笑)。そういう点では、『英雄の条件』も同じような映画でした。見られないことはないけど、別にどうってこともない。

中東イエメンでデモがあって、アメリカの海兵隊が大使家族の救出に行くんです。そこで海兵隊が無差別銃撃をして、一般市民が百数十名死傷するんですが、その海兵隊を指揮した大佐の判断は正しかったのかどうかという、まあ、日本人にはどうでもいいような話ですよ(笑)。マッチポンプというか、自分で火をつけて、それを消しにいってるという映画です。

いつも思うんですけど、黒人と白人がコンビになってて、黒人がいい人間に描かれてて、それを白人が助けるみたいな関係は、どうしようもないのかなあ。刑事ものでもなんでも、アメリカ映画はいつも

それですよ。白人同士でも黒人同士でも、ええはずなんですけどね。黒人の客にも白人の客にも見てほしいから、商売上の理由でそうしてるとしか思えない。このワンパターンで、僕はまずちょっと拒絶してしまいました。

善と悪があんなにはっきりしてるのもおかしいんです。人間って、そうはっきりと分かれてるもんじゃないですから。だから、はっきり言って、古いタイプの映画ですね。

『サルサ！』は、その逆で、構図がちょっと新しかった。白人のクラシックピアニストが肌の色を黒くして、キューバ人になりすまして、サルサのレッスンを始めるという話です。白人が黒人の文化にあこがれるという、普通と違うパターンで、つくるのにある種の勇気がいったんじゃないですか。

ただストーリーはベタベタでした。吉本新喜劇に近いものがありました(笑)。白人がキューバ人にあこがれるという発想で映画をつくること自体が、ひとつの挑戦じゃないですか。その挑戦に、さらにストーリーでも挑戦を重ねるのは、さすがにつらかったので、中身はベタベタにしてしまったということかもしれません。

僕としては、『サルサ！』というんやから、もっとインド映画みたいに踊りまくるんかなと、ちょっと期待したんですけどね。意外と踊りは淡泊でした。タイトルにするほどサルサでもなかったかなあ。

『キャスティング・ディレクター』は、もう最低の映画でした。ショーン・ペン、ケビン・スペイシー、メグ・ライアンの共演というけっこうすごい配役だし、ケビン・スペイシーは好きなので、ちょっと期待して見たんですけどね。

何かあるんかなあ、何かあるんかなあ、と最後まで思って見てたんですけど、終わったら、頭にどでかいクエスチョンマークがドーン！と出ました。時間の無駄でしたよ。メグ・ライアンがなぜこの映画に出ようと思ったのか、聞いてみたい。

舞台劇の映画化なんです。僕は予備知識が何もなしで見てたんですけど、それは途中でわかりました。つまり、もともとがセリフ劇だから、映画にする必然性が何もないんです。舞台で十分に完成していたものを無理に映画にしようとしていて、本末転倒なんです。

やっぱり映画は映像ですから、こういうふうに見せたい、というのがないのなら、映画化すべきじゃないと思うんです。

こういう映像を撮りたいというのがないのなら撮るな！

邦画で浅田次郎原作の『ラブレター』というがありましたけど、あれもまさにそういう映画でした。原作を読むと、泣かしの部分は、最後の手紙の文面なんです。

それで映画になったのを見たら、やっぱり泣かせるところは最後の手紙で、それを朗読してるんです(笑)。だったら映画にする意味なんて何もないですよね。——何か映画撮りたいけど、何がええかなあ。そういや最近『ラブレター』というのを読んだけど、よかったなあ。あれ映画にしようか——そういう発想から撮ったとしか思えない。順番が逆というか、これなんか本末転倒にすらなってないですよ。

『キャスティング・ディレクター』もそれと同じでね。こんな映像を撮りたいという明確なイメージがないんやったら、わざわざ映画を撮るな！ってことですよ。

M:I-2

★★★☆☆☆☆☆☆☆

トム・クルーズ主演の人気シリーズ
スパイアクション

『ミッション：インポッシブル』の続編。監督が香港出身のジョン・ウーとなり、お得意の二丁拳銃やスローモーションシーンが、トム・クルーズの体当たりアクションを盛り上げている。2000年のNo.1ヒット作。

ストーリー

スゴ腕のスパイ、イーサン・ハント(トム・クルーズ)のもとに届いた新しい指令は、美しい女泥棒(サンディ・ニューートン)と手を組み、奪われた殺人ウイルスを奪回することだった。

2000年　アメリカ映画
監督／ジョン・ウー
出演／トム・クルーズ、サンディ・ニュートン、ヴィング・レイムス
2時間6分／CIC・ビクタービデオよりDVD発売中(4700円)

英雄の条件

★★★☆☆☆☆☆☆☆

殺人者か？ 英雄か？
2大スター共演の緊迫法廷劇

イエメンの米大使館包囲事件で、暴徒と化した民衆に向かって発砲を命じ、百十数名の死傷者を出した大佐のとった行動を裁く軍事裁判の行方は…。2大アクションスターの共演による緊迫の法廷劇。中東ロケも迫力十分。

ストーリー

中東イエメンの米大使館で大規模デモが発生。海兵隊大佐は大使を救出するが、その際に群衆を銃撃。責任を問われ、軍事裁判にかけられる。

2000年　アメリカ映画
監督／ウィリアム・フリードキン
出演／サミュエル・L・ジャクソン、トミー・リー・ジョーンズ
2時間8分／ソニー・ピクチャーズエンタテインメントよりDVD発売中(3800円)

サルサ！

★★★★★★★☆☆☆

キューバに魅せられた白人の
天才ピアニスト

キューバに魅せられた白人の天才クラシックピアニストが、ショパンを捨て、肌をチョコレート色に変えて、サルサのレッスンを始める…。全編にキューバ音楽が流れるフランス生まれのラテンムービー。

ストーリー

クラシックピアノの若き天才レミは、キューバの民族音楽サルサに魅せられ、ためらいもなくクラシック界での輝やかしい未来を捨て、パリでキューバ・バンドに参加する。だが観客には受け入れられない。

1999年　フランス・スペイン映画
監督／ジョイス・シャルマン・ブニュエル
出演／ヴァンサン・ルクール
1時間40分／コムストック、ポニーキャニオン、キネティックよりDVD発売中(4700円)

キャスティング・ディレクター

★☆☆☆☆☆☆☆☆☆

ハリウッド映画業界の
内幕を暴く戯曲の映画化

デビッド・レイブの戯曲の映画化。映画業界を舞台にやり手のキャスティング・ディレクター(ショーン・ペン)の生態を描く。メグ・ライアンが初めて売春婦役に挑んでいるのも話題を呼んだ。

ストーリー

ハリウッドの花形キャスティング・ディレクターのエディは、自分の彼女が同業のミッキーと浮気をしていると確信。その上、友人や娼婦とのいさかいなどの連続に、ついにエディはキレてしまい…。

1998年　アメリカ映画
監督／アンソニー・ドラザン
出演／ショーン・ペン、ケビン・スペイシー、メグ・ライアン
2時間5分

サン・ピエールの未亡人

最近じゃ珍しくストーリーで見られる映画でした

00年11月

大阪の堺のほうにそば屋があるんです。もうかなりの老舗で、何代目かになる主人がやっています。そこは注文を受けてからつくるので、かなり待たされるんです。ところが、えらくマズいんです(笑)。『ブラッドシンプル/ザ・スリラー』はそのそば屋みたいなもんです。監督が15年前につくった処女作を再編集して、音を入れ直したりして、ニューバージョンで再公開するということですけど、何を大したこともないものを、大事に大事にして、後世に伝えていこうとしてんねん！ってことです。それより新作を撮れよ、アホ監督！

全然おもしろくなかったですね。よくわからないですよ、この映画は。

アメリカ南西部の田舎町に古びたバーがあるんです。そこの経営者の奥さんが、従業員と浮気をしてるんです。それに気づいた旦那が、私立探偵に2人を殺すように頼むんですけど、逆に探偵に殺されてしまって、それからなんやヘンな展開になっていく。そういう話です。

でも、そのきっかけとなる、探偵が雇い主を殺す意味がよくわからない。カップルを殺してくれと頼まれたけど、それが嫌だからわざわざ偽写真をつくって、殺した証拠をでっちあげて、大金をだましとってるんですよ。そんなふうに簡単に人を殺せない人間だと描いていたのに、なぜ突然ピストルを取り出して、雇い主を撃つのか？

すでに金はもらってるわけだから、そのままトンズラしたらいいだけの話じゃないですか。わけがわからない。

そのシーンの後で、奥さんの浮気相手の従業員が殺害現場にやってくるんですけど、その時に突然ドーンって大きな音がするんです。それがなんなのかもよくわからなかった。床に落ちてたピストルが暴発したということらしいんですけど、じゃあ、その意味はなんだったのか？

あとで人に説明してもらったところでは、実弾が3発入ってて、そのうちの1発が暴発したという理屈らしいんです。そんなのパンフレットには書いてるかもしれないけど、映画を見てる最中には絶対わからないです。

わからないといっても、2種類あるんです。ひとつは、登場人物の行動がよくわからない。人間の心理として、そういう行動をする、こいつの神経が、僕には理解できないということです。さっきの私立探偵の殺しですよ。

でも、そういうのはどんな映画を見たって思うことでね。なかには、オレはその気持ちがわかるで、という客もいるでしょうから、大した問題じゃないんです。

問題なのは、暴発シーンみたいなとこです。これは監督として何をやりたかったのかがわからない。こっちはたちが悪くて10人中10人がわからんと思いますよ。なぜタイミングよく、あそこで暴発するのか。監督がむりやり自分に都合がいいように、つじつまをあわせてるとしか思えないです。

まあ、そうした疑問が全部クリアされたとしても、おもろない映画ですけどね(笑)。

脚本がよくできてます。意外な展開でおもしろかった

『サン・ピエールの未亡人』は、最近じゃ珍しく、ストーリーで見られる映画でした。ほとんど期待せずに見たんですけど、こっちはわりとおすすめじゃないでしょうか。

19世紀半ばの話で、カナダ東部沖合いにあるフランス領のサン・ピエール島が舞台です。その島に流れ着いて、酒に酔った勢いで人を殺して、死刑を宣告される漁師がいるんです。

ところが、ある女が彼を助けようとする。それは島に駐留する軍隊長の奥さんで、処刑に使うギロチンが本国から島に運ばれてくるまでの間、死刑囚は奥さんの身の回りのことを手伝うようになる。それをじっと見守る軍隊長がいて、そのうちに島の人も死刑囚が好きになっていって、でもとうとうギロチンが島に届いて、さあ死刑囚と奥さんと旦那の3人はどうなるか？　という話なんですけどね。

これは脚本が、よくできてます。ギロチンをのせた船が島に着く直前、岸から数キロ先のところで立ち往生してしまう場面があるんです。それで困った役人が、船をひっぱる漕ぎ手を島民から募るんですけど、みんなが尻込みしてるなかで、ある人物が手を挙げるんです。そこなんかも、「エッ？お前がやる

んかい?」って意外な展開で、ちょっとおもしろかったなあ。

一種の三角関係ものですけど、全編思わせぶりなシーンが多くて、この監督はおもしろがって、完全に遊んでますね。

死刑囚と奥さんがなんかいい雰囲気になって、このままラブシーンにいくんかなあというとこでポンとカットが変わって激しいベッドシーン。で、カメラが寄っていくと…みたいな撮り方は絶対に確信犯です。監督は、ちょっと変態入ってるんでしょう(笑)。

ただ、いくつか、よくわからんとこもありましたけど。さっき言った「お前の神経がわからん」という意味ですけど。

まず、冒頭で殺されてしまう船長の立場はどうなるのか。たいした理由もなく、いい加減な感じで殺された船長は、ものすごくかわいそうやないかって。にもかかわらず、なぜお前ら夫婦はそんなにこの死刑囚の命を大事にするのか。

だったら、殺されても仕方がないようにもうちょっと船長を悪く描いておかないと。

奥さんが、死刑囚のことを「酒さえ飲まなければいい人なのよ」って言いますけど、それもアホか!って話ですよ。僕は、酒飲みに対しては厳しいですから。「酒を飲んでたら何してもええんかい。飲んだもん勝ちかい?」と常に思ってるので、どうもそこがひっかかるんですけどね。

それと、この夫婦が男を助けたいと思うきっかけが、なさすぎるんです。唐突なんです。このおばちゃんは、彼がただの凶悪犯じゃないと思えるような一面をどっかで見たんやろうな、と思うんです。けど、それは場面として出てこなかった。

朝の連ドラでいうと、昨日見逃したって感じですね。きっと昨日何か起こったんやろうな、こんなに話が先に進んでるやから。それを見たかったなあ、ということです。

だいたい、人が人を処刑するってことに、ものすごい拒絶反応を示す人間なのであればあるほど、船長を殺した男をもっと憎まないといけないはずなのにね。そっちは意外に簡単に「しようがないなあ」みたいになって、死刑囚のギロチンだけは、なんとしても阻止しようとする。よく考えたら、ヘンなんですよ。

あと、村の人たちにしても、最初はものすごく死刑囚を拒絶していたのに、急に受け入れて、英雄みたいになるんですけど、それもいまいち納得させる材料が少ない。酒場を守ったくらいのことではねえ。だから、登場人物が全員ちょっとずつボケとるんですよ。まともな人間が1人もいないんです(笑)、それは思いました。

旦那の気持ちはよくわかる。僕も彼みたいなところがあるから

旦那の気持ちは、よくわかりましたけど。僕は、意外と彼みたいなタイプですから。奥さんがほかの男といちゃついていても、そういうことに対して、あまり怒ったりするのはカッコ悪いと思うほうです。ちょっと彼みたいなところがあるんです。

結局のところ、このオバはんの自分勝手なエゴのせいで、いろんな人に迷惑がかかったという話です。意外に忘れ去られてしまいそうで、かわいそうなのが、死刑執行を請け負った男ですよ。あいつも行方

不明になってしまいましたから。で、船長も浮かばれないし。お前がゴチョゴチョと余計なことをするから、無駄な人間がいっぱい死んでしまったがな！（笑）

そういう、実はとんでもない映画ですけど、拾いものではありました。

サン・ピエールの未亡人

★★★★★★★☆☆☆

運命に翻弄される
3人の男女の愛の物語

『髪結いの亭主』『橋の上の娘』のパトリス・ルコント監督作品。純朴で心優しい死刑囚と彼を救おうとする夫婦という3人の男女の運命的な愛の形を描く。劇場公開題は『サン・ピエールの生命（いのち）』。

ストーリー

1984年、サン・ピエール島。酔って殺人を犯し死刑を宣告された漁師ニールは、ギロチンが島まで運ばれてくる間、島に駐留する軍隊長ジャンの妻ポリーヌの身の回りの世話をするようになる。ポリーヌはニールに母性愛ともとれる思いを抱くようになり…。

1999年　フランス映画
監督／パトリス・ルコント
出演／ジュリエット・ビノシュ
1時間52分／アミューズピクチャーズ、東芝デジタルフロンティアよりDVD発売中（4800円）

ブラッドシンプル／ザ・スリラー

★★☆☆☆☆☆☆☆☆

予期せぬ方向へ
ころがっていく完全犯罪の行方

「ファーゴ」「ビッグ・リボウスキ」などのコーエン兄弟の長編処女作。83年版を再編集して、サウンドを5・1ch化したニューバージョン。完全犯罪になるはずの殺人が、勘違いの連続によってとんでもない結末に向かう。

ストーリー

アメリカ南西部の田舎町。ある古びたバーで殺人事件が起こる。殺されたのは経営者のマーティ。彼の妻の浮気相手レイが死体を発見する。そして、妻、愛人、私立探偵を巻き込んで、事態は奇妙な方向へころがっていく。

1999年　アメリカ映画
監督／ジョエル・コーエン
出演／フランシス・マクドーマンド、ジョン・ゲッツ
1時間35分／キネティックよりDVD発売中（4700円）

キッド

ディズニーはちょっとヤバくなってきてますね

00年12月

最初に断っておきますけど、今月の映画は全滅でした(笑)。

まず『キッド』ですね。ディズニーが製作した映画ですけど、かなり苦しかったです。ディズニーはちょっとヤバくなってきてますね。ブランドに自分らが縛られてしまっていて、ディズニー映画という時点で、もうストーリーが決まってしまうんですよ。映画はこうあるべきや、みたいな方向を自分らが決めてしまってるために、どんな作品を撮っても、同じ方向にしか行かれへんのです。観客にすれば、ストーリーの予測が全部ついてしまって、「やっぱりなあ」という着地の仕方しかもうできなくなってるんです。

だから、この連載で前に取り上げた『カノン』みたいな映画は絶対につくれない。そこが非常に苦しいなあ、という感じがしますね。今は、マイナーな映画のほうがつくり手が好き勝手できるから、予想がっかなくておもしろいんですよ。

この先、どうしていくんでしょうね。かなりバレてきてますから。だから『救命士』みたいな映画もつくったんでしょうけど。

『救命士』は全然ディズニーらしくないんですよ。ダーティな感じにしてるんです。ハッピーエンドということでもないし。きっとがんばって、がんばって、そんなこともしてるんでしょう。ただ、いかんせん、何が言いたいのかよくわからない(笑)。

コントでいうところの「オチは絶対これにしてくれ」というのが決まっていて、そこから、さあどうしようということを、ディズニーは何十年もやってきてる。でも、見方を変えれば、今までずーっとネタフリをしてきたわけですから、それを逆手にとると、すごくおもしろい映画ができるはずなんです。

それこそ、なんやろう、ディズニーランドに行ったら、ウンコがボトボト落ちてるアトラクションがみたいな(笑)。それが一番おもしろいんですけどね。だって一番予測不可能なことで、ものすごい裏切りでしょ。ディズニー映画も本当はそこまでいかないと。そしたら素晴らしい。ただ、それをやってしまうと、その先はもう何もないですけど(笑)。

もちろん笑いでも、こうなるんやろう、やっぱりそうなった、アハハ、という笑いもありますよ。でも、それは何回も通じないし、ずーっとそれをやり続けてもなあ、ということですよ。それでも飽きないバカはいるんでしょうけどね。

そこにもってきて、この『キッド』は、『救命士』と同じく、何が言いたいのかよくわからない。ディズニー映画の唯一いいところって、メッセージが最後に伝わったことでした。でも最近は、自分らでもヤバイとわかってるから焦ってるのか、ストーリーをグチャグチャにしたあげく、最終的なメッセージまでボケてしまってる。

ディズニー映画の唯一いいところもボケてしまってる

そりゃ、僕も浅いところでは理解できますよ。でも、もっと追求したら、結局、何が言いたかったのか？ 観客でも、ちゃんと納得がいく説明ができる人はいないと思うんです。

だってタイムマシンの理屈からいってもおかしいですもん。ブルース・ウィリスが扮している39歳の成功したイメージコンサルタントのところに、突然、子供のころの自分が現れるんです。で、大人の自分が、いじめられっ子の自分に力を貸してやって状況を打開する。でも、子供のころにいじめられてた自分があるから、今の自分もあるわけでね。その原点を変えてしまったら、今の自分がなくなるじゃないですか。タイムマシンってそういうもんですよね。

しかもブルース・ウィリスは成功してるわけです。すごい家に住んでて。それで、いいじゃないですか。でしょう。子供のころにいじめられてたって、成功したわけだから。それをなぜ、終わったことをわざわざ蒸し返すのか。

結局、どうやってまた現実の世界に戻ったのかもすごくうやむやで、ちゃんと描かれてないし。フッと気づいたらまた子供のいない現在になってるんです。オチも最悪だし、全くわからない映画でした。

『60セカンズ』も、ベタベタのベッタベタでした。見る前には、もっと車を盗むテクニックとかプロフェッショナルな技を見せてくれるのかと期待してたんですが、そのへんは全く関係ない映画なんですよ。盗みのワザも全然普通で。針金を使ったりして、えらいアナログなんです。ホンマそのへんの中学生でもやってるようなことで(笑)、どのへんが伝説の窃盗団なのかようわからんのですよ。

それに悪役も、出てくるまでは「あいつは怖ろしい…」ってみんなでおびえてて、ものすごくあおってる。ですけど、実際に現れたらなんも怖ろしくなくて、ものすごく簡単にやっつけられましたし(笑)。

まあ、しかしニコラス・ケイジはいったい、いつになったらおもしろい映画に出るのでしょうか。メジャーな作品にボンボン出て、これだけどれもおもしろくないというのは珍しいですよね。

僕はブルース・ウィリスも嫌いですけど、それでも、『シックス・センス』とか『ダイ・ハード』の1と2くらいまでは悪くなかった。でも、ニコラス・ケイジは、おもしろい映画が全くのゼロですもん。

昔のノウハウが80%を占めるような映画は見たくない

『60セカンズ』でちょっとだけ笑ってしまったのは、ニコラス・ケイジが「金持ちの奴らから車を盗むのは悪いことではない」とかいうセリフを吐きながら、盗む車がジャガーXJRなんですよ。僕が乗ってる車ですけど(笑)。ちなみに、『羊たちの沈黙』のハンニバル・レクターが愛する車もジャガーXJRなんですけどね。まあ、どうでもいいことですけど。

でも、ジャガーXJRはほんまにいい車やと思いますねえ。人にすすめるということじゃなくて、僕とは相性バッチリということです。僕は、ちょっとほかの車には乗れない。もう2台目ですから。どうでもええか？
それはともかく、『キッド』と『60セカンズ』に共通して言えるのは、どっちもオリジナルじゃないんです。単に昔の映画をリメイクしてるという意味じゃなくて、映画のノウハウそのもののことですけど。結局、これまで出来がよかった映画の部分部分を集めてきて、別の映画をつくってるだけなんです。昔のノウハウが80％くらいを占めていて、後の20％くらいを新しく撮ってるだけのことなんですよ。

そんな映画はもう見たくないんですよ。そのパターンはもうわかったから、そうじゃなくて、自分で材料を買ってきて、ゼロからつくってくれよ！ 特に最近は、そういう気がしてしょうがないですね。

あとは、『新・仁義なき戦い』も見ました。ヤクザ映画です。僕は、スーツをパシッと決めて、カッコいいヤクザというのはもういいのかな、と思いますね。

僕は、もっとさもしい、汚いヤクザ映画が見たいかな。やっぱりヤクザだって、拳銃を向けられたら怖いはずだし、逃げる時って、きっと必死ですよ。ピストルを撃ったって、そんな簡単には思ってたようなところに当たらないでしょう。時には弾道がそれて、キンタマにも当たるでしょうし。そりゃ、キンタマに弾が当たったら、ものすごく痛いと思いますよ(笑)。ウンコしてる時に、思いっきりケツを撃たれることもあるやろうし。

だからヤクザなんて、そんなにかっこいいもんじゃないんですよ。絶対に。僕は、そんなところを見せてほしいですよね。

そうやって、カッコよくないということに徹しきれば、逆にカッコいいはずなんです。ある意味、それはコメディアンも同じことだと思いますけど。

キッド

★★☆☆☆☆☆☆☆☆

〝8歳の自分〟に出会った男が あらためて考える人生

ブルース・ウィリスが『シックス・センス』に続き、またも子役を相手に好演するハートウォーミングドラマ。〝8歳のころの自分〟に会ってしまった男が、それをきっかけに人生の意味を考え直すというファンタジー。

ストーリー

40歳を目前にした有能なイメージコンサルタントのラス(ブルース・ウィリス)はある日突然、8歳の少年の訪問を受ける。それは30年前のラスだった。いじめられっ子だったつらい過去の思い出が一挙によみがえるラス。一方、少年は自分の夢がかなえられていないことにがっかりする。

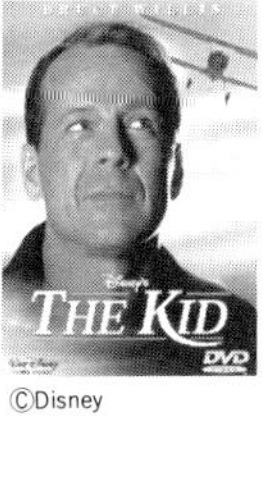

©Disney

2000年　アメリカ映画
監督／ジョン・タートルトーブ
出演／ブルース・ウィリス、スペンサー・ブレスリン
1時間45分／ブエナ・ビスタ・ホームエンターテイメントよりDVD発売中(4700円)

60セカンズ

★★☆☆☆☆☆☆☆☆

伝説の窃盗団が 24時間で50台の車を盗む

『ザ・ロック』『コン・エアー』『アルマゲドン』などのヒットメーカー、ジェリー・ブラッカイマーが製作したカーアクション映画。高級車専門の窃盗団のワザをスタイリッシュな映像と大迫力の音楽で描く。

ストーリー

田舎町でひっそり暮らしていた元窃盗団のメンフィス(ニコラス・ケイジ)のもとに最悪のニュースが舞い込む。弟が親分の怒りを買い、3日のうちに50台の超高級車を盗まなければならなくなったのだ。メンフィスはかつての伝説のプロ集団の窃盗仲間を招集して、この挑戦を受けてたつ。

©Touchstone Pictures.

2000年　アメリカ映画
監督／ドミニク・セナ
出演／ニコラス・ケイジ、アンジェリーナ・ジョリー
1時間58分／ブエナ・ビスタ・ホームエンターテイメントよりDVD発売中(3800円)

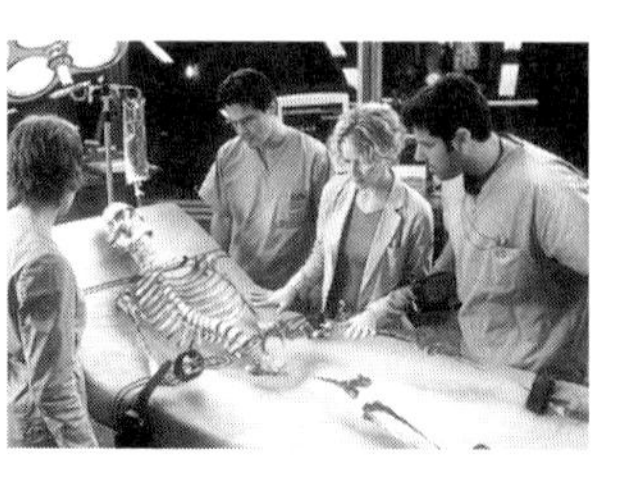

インビジブル

僕にとっては第2のCGカルチャーショックでした

01年1月

『インビジブル』はなぜか気になってたんです。多分、ストーリーはベタベタなんやろうなと思ったんですけど、CGがすごそうな気がして。

それで、映画館で見たんですけど、良くも悪くも、予想通りでした(笑)。たしかにCGはすごい。僕は『ジュラシック・パーク』の時に、CGでカルチャーショックを受けましたけど、第2のCGショックでした。そのわりには、この映画はあまり騒がれてなかったように思いますけど、なぜなんでしょう。でも、やっぱり、特に前半とかは、ホントにびっくりしました。

透明人間の話なんです。ちょっとおもしろいのは、映画の冒頭が、透明になる方法を発明するところじゃないんですね。それはすでに発明されていて、透明にしたものを元に戻す技術がまだ完成していない、というところから映画が始まるんです。

それで、もう透明になっている実験用のゴリラが出てきて、といっても画面上では見えないですけど(笑)、それを元に戻す実験を、まず映像で見せる。そこから、いきなりショックなんですよ。

ゴリラをベッドに載せて、ベルトで縛り付けて、腕から液体を注入する。すると、その緑の液体が血管を通って全身に回っていく様子が見えて、だんだん内蔵とかも現れてきて…。いや、もうこれをやられたら、ちょっとほかの映像はかなわないと思いますね。そこは素直に認めます。

ただ、映画としては何も見るべきものはないですよ。ストーリーも全然おもしろくないし。なんでやねん？の連続ですから。

この主人公の科学者は、「おまえ、何をそんなに怒ってんねん？」というくらい怒ってますから(笑)。まあ、監督としては、透明になったら、人間は人格が変わるってことを言いたいんでしょう。

それにしても、ちょっとついていけないくらいキャラが変わる。急にえらい怒ってるな、と思ってたら、突然、人を殺しまくったりしてね。もう、人格がむちゃくちゃなんですよ。

それと、幼稚(笑)。国家の機密プロジェクトでの研究という設定だったら、普通はスパイがらみの何かに利用するとかいう展開になると思うんです。ところが、この主人公はえらい幼稚で、「隣の女の寝室をのぞけるで、ええやろ～」みたいな話なんですよ。それで結局、ただの痴話喧嘩みたいなとこで終わってしまう。

たしかに、男の行動というのは、ああいうもんや、とは思いますよ。僕も透明になったら、同じようなことをします(笑)。

まあ、透明人間をつくれるだけの高い知能の持ち主でも、男というのは、結局はスケベで幼稚なもんや、ということをちゃんと描いたという意味では、ある意味、すごくリアルではあるんですけどね。

それにしてもこの映画は、小学生くらいの時に、金持ちのボンボンに「こんなオモチャ持ってるでえ」っていうのを自慢げに見せつけられてるような感じですね。ええもん持ってるなあ、とは思うけど、それはこのCGを手がけた人がすごいのであって、監督や脚本家がすぐれてるとも、役者がうまいと思わない。映画としては何もないんですよ。

と、言いつつも、それのどこがいかんねん？　ということもありますけどね。じゃあ映画って何？って考えたら、約2時間の間、どれだけ客をスクリーンにひきつけられるか、楽しませられるか、映像を印象に残せるか、ということですよね。

すると、この映画の点数はかなり高いですよ。その角度から見れば10点です。1800円払う価値は十分あります。でも、ストーリーは誰でも考えつくようなひどいもので、せいぜい2点くらいでしょ。平均すると6点ですか(笑)。まあ、こういう映画は、どういう見方をするかですね。

年に1回くらいはこんなのを見るのもええんとちゃうの？

『キャラバン』は…、年に1本くらいこんなのを見るのもええんとちゃうん？　という映画ですね(笑)。こんなのを3本続けて見たら、もう絶対嫌になりますよ。でも年に1回くらいは、自然の厳しさを知っておこうぜ、ということですよ。

ヒマラヤを舞台に、ネパールの村の一族がキャラバンを組んで、厳しい自然を相手に山越えするという話なんです。でも、そういう話を映画にしても、結局は白然に勝てないんですよ。

オープニングでヒマラヤの大自然を見て、ワーッ凄いなあって思うんです。ところが、次に村の集落みたいなところが映ったら、なんかカクッとなる。それで役者が映って、彼らがしゃべりだすと、アレレ……という感じになるんですね。あまりなじみのない言葉やし、ちょっと大根みたいな気がしてしまう。監督があえてそうさせているのか、それともロケが大変で、そこまで手が回らなかったのか。いずれにしても、あの大自然のロケ映像以上のものは出せてないんですね。

かかってる曲もよかったし、それであの景色をずっと見せられてたほうが、かえって映像を見ながら白分でいろんなことを考えられるのに、と感じました。変なストーリーをつければつけるほど、映画が軽くなっていく。

だから、正直言ってあまりおもしろくなかった。でも映像はいいから、可もなく不可もなくで、★6つですね。

『カノン』『カルネ』どっちも天井に近いところの完成度

きっと、この『キャラバン』は評判がいいと思うんです。「見ながらいろんなことを考えさせられたし、これは見るべきやでえ」と言ったら、それなりにカッコがつきますから。これをほめておけば、それほど足元を救われることはないやろ、少なくともアホとは思われへんやろ、という映画なんですよ。そういう匂いはあります。それは、よくわかるんです。

でも、それはダメです。これをほめたら、じゃあ映画って何？　ロケが大変やったら、それでええんかい？　ということになりますからね。

2000年に見た映画の中で、僕のベスト1は『カノン』です。その監督が8年前につくった処女作の『カルネ』をDVDで見ましたけど、それもよかったですね。40分の中編なので、それを普通の2時間ものと同じ感覚で論じるのもどうかなあとも思いますけど、でも40分であれだけのインパクトを与えるというのは、大したものですよ。

冒頭の場面で、馬を殺して、皮をはいで、馬肉にするのもエグかったし。もうちょっとで、オエッってなりかけましたから。おいおい、何してくれるねん！ですよ。動物愛護の人たちは大丈夫なんでしょうか(笑)。もっとも、それは映画の中身の評価とはあまり関係なくて、つかみとしてインパクトがあったということですが。

この中編の『カルネ』を下敷きにして、新作の長編『カノン』をつくってるんですけど、同じくらいおもしろい。どっちが上で、どっちが下でもない感じです、僕の中では。

それって、やっぱり完成度が高い証拠だと思うんです。多分、どっちも天井近くまでいってるんでしょう。普通は、どっちかがどっちかを超えてしまうんですけどね。そうじゃないところが凄いかな。

主役のオッサンは、『カノン』と同じ役者ですけど、やっぱりおもろいし、カッコいい。なぜかは、よくわからないんですけど。だって、彼は極度の人間嫌いというキャラで、だったら僕のことも絶対に嫌いでしょう。その彼を、どうして僕が好きになれるのか？　そこは、実は自分でもよくわからない。でも、僕はやっぱり好きですね。

インビジブル
★★★★★☆☆☆☆

最新SFXで「透明化プロセス」を見せる新・透明人間

最新のSFX技術を使い、「透明化のプロセス」と「消えた人間の動き」を映画化した。『氷の微笑』『トータル・リコール』のポール・バーホーベン監督作品。ドラマ面でも人間の邪心と堕落をリアルに描き、全く新しい透明人間をつくりだした。

ストーリー

国家最高機密に属する研究プロジェクトを率いる天才科学者(ケビン・ベーコン)は、自ら人体実験の被験者となり、透明人間第1号となる。そして、新しいパワーを手にした彼がたくらんだことは…。

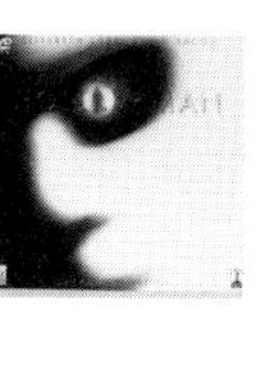

2000年　アメリカ映画
監督／ポール・バーホーベン
出演／エリザベス・シュー、ケビン・ベーコン、ケンジントン・ジョシュ・ブローリン
1時間52分／ソニー・ピクチャーズエンタテインメントよりDVD発売中(3800円)

キャラバン
★★★★★★☆☆☆☆

ヒマラヤを舞台に生死を賭けたキャラバンが行く

ヒマラヤ山脈を越えて、塩を運ぶキャラバン隊。大自然をバックに、隊の内部で起こる世代間対立の人間ドラマが描かれる。標高5000メートルを超えるネパールの高山でオールロケした美しく厳しい自然の映像が見どころ。フランスで大ヒットした。

ストーリー

ヒマラヤ山中の小さな村の長老ティンレは長年キャラバンを率いていたが、後継者と考えていた長男を事故で亡くす。そんな中長男の親友がキャラバンの準備を始めるが、ティンレと対立して…。

1999年　フランス・ネパール・イギリス・スイス合作
監督／エリック・ヴァリ
出演／ツェリン・ロンドゥップ
1時間48分／東芝デジタルフロンティア、タキ・コーポレーションよりDVD発売中(4700円)

カルネ
★★★★★★★★★☆

馬肉を売る父親と口をきかない娘の奇妙な関係

パリ郊外で馬肉を売る父親と口をきかない娘の奇妙な関係を通して、現代パリの裏側を暴いた問題作。過激な内容に賛否両論が起こった。『カルネ』を気に入ったアニエスb.の資金援助により、8年ぶりにようやく完成した続編が『カノン』(96P参照)だ。

ストーリー

男はパリ郊外の馬肉屋。溺愛する娘と2人きり。ある日、娘は見知らぬ男に誘われ、スカートに血のしみをつけて帰ってくる。激怒した父親は、娘を誘った男にナイフを突き立て…。

1991年　フランス映画
監督・脚本／ギャスパー・ノエ
出演／フィリップ・ナオン、ブランディーヌ・ルノワール、フランキー・パン
40分／日活よりDVD発売中(3800円)

ダンサー・イン・ザ・ダーク

2年ぶりの10点満点。監督の才能を素直に認めました

01年2月

『ダンサー・イン・ザ・ダーク』は、僕が2000年に見た映画の中で一番よかったんじゃないでしょうか。

自分ではずっと、ミュージカルが嫌いなのかなあ、と思ってたんですけど、振り返ってみると、実はそんなに嫌いじゃないということがわかってきました(笑)。インド映画の踊りのシーンも好きでしたし。でも、この映画は、見る前はミュージカルとは全然知らなかったんです。工場の場面で急に音楽と踊りが始まったので、ああ、そういうことね、と思ったんですけど。それが妙にカッコよかったので、すんなりと入っていけましたね。それはきっとカメラワークがいいんでしょうね。

すごくベタな言い方をすると、「緊張と緩和」なんでしょう。ミュージカルシーンに入るまでは、ものすごくルーズに撮ってる。手持ちカメラで、ラフに撮っておいて、歌と踊りのとこだけは、きちんとしたカット割りでバシッ、バシッと見せる。なぜ、今まで誰もこれをやらなかったのか、と思いましたね。コロンブスの卵ですね。考えてみれば、このやり方が一番きれいなんですから。

ミュージカルのとこで急に画面の調子が変わるのは、全然気になりません。要するに、このヒロインは狂人なんです。狂人ってこういう世界で生きているんですよ。そういう人の頭の中の世界を描いてるわけだから、何がどうなっても全然おかしくないんです。

ただ、劇中でいくつかどうなのかな？と思うところも、あることはありました。

冒頭で、真っ暗の画面に音楽だけがずっと流れます。この演出は好きか嫌いかというと、僕は嫌いですね。必要ない。

監督というのは、思いついたことをいろいろとやってみたいじゃないですか。そのなかのひとつだと思うんです。でも、いざ撮り終えて編集したら、作品の完成度が高いので、もうそこはいらなくなってるんです。けど、もともとそうしようと思ってたので、そのまま残したという感じですね。誰かに先にやられる前にやっておこう、ということでしょう。十分にいい作品なのだから、小手先のことはあまりしなくていいと思うんですけどね。

前に話した『カノン』の途中で出てきた「ここから先はおぞましいことが起こるから、映画館を出るなら今のうちやで」という警告の字幕と同じもののような感じがするんです。料理でいうと、ちょっと色がほしいので上に何かのせておこう、みたいなことです。でも味には全然関係ない。だから本当はいらないんです。

ビデオでこの映画を見る人は、絶対すぐに早送りしますよ。それで送り過ぎて、あっ！始まった、と思って、あわててちょっとだけ巻き戻して、それから見ることになります(笑)。もうその時点で、始まりをきちんと見てもらえないから、つくってるほうとしては損じゃないですか。

ヒロインの目が見えなくなるのは本当に必要だったのか

ビョークという人の演技力は、僕にはいまいちよくわからないです。おそらくうまいんでしょうね。

ただ、目が見えなくなるという設定は本当に必要だったのかな？と思いますね。そんなに意味はなかったですね。息子だけが病気で、目が見えなくなっていくということでも十分いけたと思うんです。

だって、ヒロインは、実際は全編のほとんどで目が見えてるわけでしょう。すでに失明してるとこからストーリーが始まってるわけでもないし、映画が始まってすぐに見えなくなるわけでもない。意外に、最後まで見えてるんですよ。最後の最後くらいですね、本当に失明してしまうのは。

だから、ヒロインは目が見えていても全然よかったのに、ちょっと身障者ネタを入れとこか、みたいな監督の思いつきでこうなった感じがするんですね。

監督に都合のいいときだけ目が見えて、都合が悪くなると見えなくなったりしてませんか(笑)。家に帰るふりをして帰らなかったというシーンではかなり見えてない感じなんですけど、その後ではピストルを撃てるくらいしっかり見えてる。なんか、ものすごく都合がええ目やなあ、と思いました(笑)。

第一、そんなに見えないのなら、裁判でもそこが問題となって、目の見えない人がはたして人を撃つことができるのか、というとこで争うはずです。なのに、そこはあっさりと、お前がやったんやろ、となってしまうじゃないですか。メガネをかけた時とかけてない時では、どの程度見え方が違うのかもよくわからないし。セルマはあの年になるまでけっこう見えてるのに、同じ病気でも息子のほうは病状の進行がえらい早いなあ、という疑問もある…。

まあ、そんなことをいちいち言い出したらダメなんですけどね、こういう映画の場合は。ただ、僕みたいなひねくれ者は、目の不自由な女が主人公の映画や、と言われると、ちょっと拒絶してしまうんですよ。また、その手のやつかい、と。

でも、見てみると、そこはあまり中身と関係なかった。だったら、あまり目のことを言わずに、作品の力だけで見せきってくれたほうがよかったのになあ、と思ったんです。僕は結局、見たからいいですけど、この連載の仕事をしてなかったら、多分毛嫌いして見てないでしょう。ビデオでも借りてないですね。タイトルもそんなにひかれないですし。

それにしても、この監督はなかなかやりよります。「才能あるな」って素直に認めてしまいました。やっぱり感性ですね。橋を渡る列車のミュージカルシーンとか、見せ方が本当にうまいです。そういうのに僕がひかれるのは、きっと僕の中に全くないものだからでしょうね。まあ、裁判所であんなふうなタッチになるのは、ちょっといらんかなとは思いましたが。

こういういい映画の時のほうが、意外にほめようがないということはありますね。嫌いな奴の話はいっぱいできても、好きな人の話はしにくいというのと一緒で。

何が好きや？と言われても、感覚的なもんですから。それで、無理に何か言おうとすると、さっきみたいに重箱の隅をつつくようなことになってしまうので、ちょっと話しづらいですね。

これを見て泣くってことは実は映画をわかっていない

ラストは、僕は好きです。あっさりしてて。女の人は嫌いかもしれないなあと思いました。それにしても、泣きはしませんね。

これを見て、泣くってことは、実はこの映画をわかってないような気がするんですよ。だってセルマは、自分のことを不幸とは全然思ってないわけですから。泣かれても大きなお世話なんです。彼女はすごくハッピーなんですよ。だから泣く映画ではないと思います。基本的に狂人の映画なんですし。

この映画は見たほうがいいです。★も久しぶりに10点いっときますか。この監督は、かなりのやり手やと思いますから。連載の1回目の『ライフ・イズ・ビューティフル』以来ですから、約2年ぶりの2回目の満点です。正月だし、めでたくていいじゃないですか(笑)。

ただ、これは正月映画ではないですね。家族でこれを見に行って、いったい何を食べて帰るねん?って話ですよ(笑)。

それと、これから見る人に注意事項ですけど、絶対に映画館の前の方で見ないように。頭がクラクラします。手持ちカメラで、会話の間中、右へ左へと激しくカメラが揺れるので、船酔いみたいになって、絶対に気分が悪くなってしまいますから。

だからこの映画を見るなら、昼間に見て、夜にもっと正月らしい楽しい映画をもう1本見て、それで何かおいしいものを食べて帰ったらいいんじゃないでしょうか。

ダンサー・イン・ザ・ダーク ★★★★★★★★★

過酷な運命にほんろうされる母親の息子に対する無償の愛

2000年のカンヌ映画祭でパルムドール(最高賞)とビョークの主演女優賞の2冠を獲った話題作。愛する息子のためにすべてをなげうつ母親の無償の愛を描くミュージカルドラマ。ビョークが迫真の演技を見せる。

ストーリー

チェコからアメリカへやって来たセルマ(ビョーク)は女手ひとつで息子を育てながら工場で働いている。彼女は病のため視力を失いつつあり、同じ病の息子も手術を受けない限り失明してしまう。息子の手術費用を稼ぐため懸命に働くセルマ。しかし、ある日、貯めていた手術代が盗まれ、セルマの人生は…。

2000年 デンマーク映画
監督・脚本／ラース・フォン・トリアー
出演／ビョーク、カトリーヌ・ドヌーブ
2時間20分／松竹、フジテレビ、アスミックよりDVD発売中(5800円)

初恋のきた道

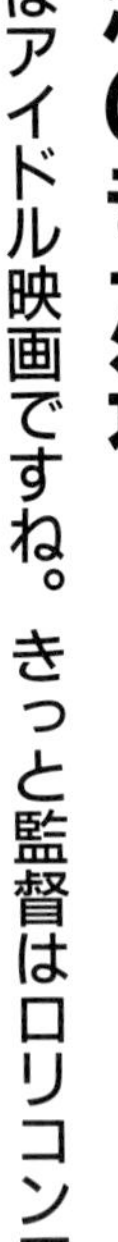

これはアイドル映画ですね。きっと監督はロリコンでしょう

01年3月

『初恋のきた道』は、一言で言うとアイドル映画ですね。監督は多分、主演の女の子のことが大好きなんでしょう。

かわいく撮ってあげよう、きれいに撮ってあげようという思い入れが、かなり強いような気がしましたね。

撮り方も、女の子のアップの画面がすごく多いし。それに普通は、現在の話をカラー画面にして、過去の話をモノクロにするものですよね。それをわざわざ逆にして過去をカラーで撮ってる。そのことでも、主人公の少女時代を演じている彼女を、とにかくきれいに撮りたかったんやなということを、すごく感じました。きっと監督が大ファンなんでしょう(笑)。

昔の百恵ちゃんが主演した一連の映画みたいなもんですよ。『伊豆の踊子』とか、あんな感じです。

ストーリーの流れにしても、どう考えても現代の話で終わるべきなのに、ラストカットはやっぱり彼女なんです。あのカットが、この映画のすべてを象徴していましたね。結局、アイドル映画だっていう。

最後の最後は、やっぱりアイドルのきれいなカットで終わるかあ～、まあ、そうしないと、きっと所属事務所が納得しなかったんやろうなあ、みたいなね(笑)。

2つの話が描かれてるんです。そのどっちを見せたいのか、ということなんです。現代の母親と息子の話なのか、母の少女時代の初恋の話なのか。もちろん、監督としてはどっちも見せたかったんでしょうけど、この映画の流れから言ったら、やっぱり母と息子の話で終わるべきだったと、僕は思います。それを、何を最後に、エエ感じでワンショットで女の子を撮っとんねん！このボケ監督！っていう話です(笑)。

きっと監督はロリコンですね(笑)。撮り方を見てたら、わかりますもん。好きなんですよ、こういう若くて無垢な感じの女の子が。そういう子をちょっと貧しいような境遇において、この映画みたいな身なりをさせて、けなげなことをさせてみたいんですよ。きっとそうですね。

いや、くさしてるわけじゃないですよ。ロリコンって、映画監督とか、ものをつくる人間にとっては、ある程度は必要な要素ですから。だって、そういう気持ちがなかったら、映画とか撮れないと思います。やっぱり嫌いな女優を使って映画を撮れと言われたって、無理ですからね。アップがなくて、引いて撮った画面ばっかりになってしまいそうやし。

だからアイドル映画も否定はしません。僕にしたって、百恵ちゃんの『伊豆の踊り子』を見に行ったし、それで泣きそうになったりしました。

ただ、それがアイドル映画やってことをわからんと見て、それで「すごく泣けた」とか「感動した」とか言ってるような奴は、僕に言わせればアホです。監督がどういうつもりでこれを撮ってるかを、気づきなさいってことなんです。

この映画が中国でヒットしたとしても別にかまわないし、「彼女がかわいいなあ」と言って中国人が見に行くのは別にいいんです。けど、それを日本に輸入して、公開する時に「泣ける映画」とか「感動もの」にすり替わってしまってるのは絶対に違うやろ、と思うんですけどね。

石井克人は監督としては認めてます。ただ、笑いのことは…

『PARTY7』は、評価するのが難しいですねえ。石井克人は、監督としては認めています。前作の『鮫肌男と桃尻女』は嫌いじゃなかったし。自分の世界を持っていて、悪くないと思うんです。それで僕より年下でしょ、なかなかやるがな、優秀やなあ、っていうのはあるんです。

ただ、「今度は笑いに重点を置いて撮った」と言われると、それはナメたことをぬかすやないか、となってしまうんですね。

笑いに関して言うと、今イチ彼はよくわかっていない。まあ、でも、このくらいのレベルのほうが、一般的には客が笑うんかなあ、とも思いますけど。

監督が、笑いの何をわかってないかと言うと、いいものを全部集めたらさらによくなるやろ、という考え方でつくってるんです。たとえば、おいしいものにおいしいものを足したら、倍のおいしさになるやろ、という単純な発想です。

そりゃ、スポーツだったら、スター選手をいっぱい集めたら強いチームになるのかもしれない。ですが、お笑いに関して言うと、それは絶対に違う。おもしろい人間ばっかり集めて、おもしろいことをやらせたら、とてつもなくおもしろいもんができるということには、絶対ならないんです。テレビの番組で、ものの大きさを表現するのに、よくタバコを1本横に置いて、大きさを比べてみるじゃないですか。笑いでも、あのタバコが絶対に必要なんです。

まともな人間を1人置いて、そいつとの比較で、こいつがいかに変人かというのを見せていくことで、笑いが生まれていく。まあ、一般的にはね。それをこの監督は、ちょっとわかってなかったかな。

この映画の最大の欠点は、まともな人間が1人も出てこないことです。すると、最初はいいんですけど、すぐになんでもオッケーの世界になってしまって、そうなると、誰かがちょっと何か言ったところで意外性がないし、どんな奴が飛び出してきても、客はもう驚かないんですよ。

だから、タバコの役割をする人間が何人かいて、普通の人に比べて、こんなに大きいんです、こんなに小さいんです、という笑わす軸がないと、つらいですね。

じゃあ、僕の笑いはどうかって言うと、けっこうムチャをしていて、タバコを置かないようなこともわりとします。けど、それは笑いを知り尽くした僕だからできることでね。正直言って、この映画のメンバーでは、笑いに関してはほとんど素人なので、ちょっとしんどかったですね。ただのガチャガチャになってた、というか。

まあ、好き嫌いの問題と言われてしまえば、そうなのかもしれないんですけど。

『天才バカボン』がなぜおもしろかったかというと、やっぱりバカボンのパパという大ボケがいて、バカボンという小ボケがいて、あとは基本的に皆ツッコミなんですよ。まあ、おまわりさんとかたまに出てきますけど、基本的にはツッコミなんです。だから非常におもしろいんです。

それに対して『元祖天才バカボン』は、僕は、実はすごく嫌いなんですけど、あれは全員ボケなんですよ。ツッコミに回っていたはじめちゃんやバカボンのママまでも、意外とボケるんです。そうなってくると、僕にはしんどい。この映画は、そんな感じでしたね。

だから「笑いにこだわりました」みたいなことは、あんまり言ってほしくない。言えば言うだけ損やし。あえてそれを言うのって、よっぽどの力がないと無理なんですから。たとえば、僕がライブとか何かをやるとなったら、もう完全に皆が笑いを期待して来ますからね。それに打ち勝つほどのお笑いをできる人間じゃないと、それは言ったらダメなんです。

「笑わせますよ」と言うのは実はすごいイバラの道です

きっと『鮫肌～』くらいの感じでちょうどよかったんですよ。なのに「あれ以上に笑える」みたいなことを言うと、なんや『鮫肌～』も笑いをとろうとしてたんや、ってなってしまう。いや、実際そうなんでしょうけど、それは言わないほうが絶対に得なんです、この監督の場合は。たまたま副産物として笑いが出てきました、っていうふうにしておいたほうが絶対にいい。

「笑わせますよ」って宣言するのは、実はものすごいイバラの道です。そこを素足で歩ける奴は、そうそういないですよ。だから今回の映画は、ちょっと大風呂敷を広げすぎたという感じでしたね。

初恋のきた道

★★★★★☆☆☆☆☆

料理で初恋を伝える
けなげな少女のラブストーリー

『赤いコーリャン』『菊豆』『あの子をさがして』などのチャン・イーモウ監督作。ベルリン国際映画祭で銀熊賞を受賞した。主演のチャン・ツィイーは本作デビューをきっかけに『グリーン・デスティニー』主役を射止めた。

ストーリー

華北の美しい村。都会で働く青年は、父の訃報を聞いて村に戻ってきた。母は伝統の葬儀をすると言って周囲を困らせる。その様子を見ながら、息子は父母の恋物語を思い出していた――都会からきた若い教師を想う18歳の少女の恋心はやがて彼のもとに届き…。

2000年　アメリカ・中国合作
監督／チャン・イーモウ
出演／チャン・ツィイー、スン・ホンレイ、チョン・ハオ
1時間29分／ソニー・ピクチャーズエンタテインメントよりDVD発売中（3800円）

PARTY7

★★★★★☆☆☆☆☆

郊外のホテルに集まった
クセ者7人のドタバタコメディ

田辺製薬「アスパラドリンク」、日本テレビ「日テレ式」などを手がけるCM界の売れっ子ディレクター石井克人が、映画監督デビュー作『鮫肌男と桃尻女』に続いて撮った監督第2作。

ストーリー

とある郊外のホテルニューメキシコに大金を持って逃走するチンピラ（永瀬正敏）がたどりつく。その部屋へ次々と訳ありの男女が乱入。大騒動が繰り広げられる。その一部始終を隣のノゾキ部屋から見ていた2人の男がいた…。

2000年　日本映画
監督／石井克人
出演／永瀬正敏、浅野忠信、原田芳雄、堀部圭亮、岡田義徳、小林明美、我修院達也
1時間44分／東北新社よりDVD発売中（4800円）

ハート・オブ・ウーマン

女を甘やかしてるだけの薄っぺらい映画でしたね

01年4月

『ハート・オブ・ウーマン』はドッチラケでしたね。メル・ギブソンは、僕はかなり好きな役者なんですよ。『ブレイブハート』とかもすごくよかったし。でも、今回は、おもしろくなかったなあ。

女の人が心の中で考えていることがわかるようになった男の話、という発想はいいんです。それで、女心のストレートじゃない部分をうまくつかんで、逆手にとって、何かをするという展開をすごく期待してたんですけど、なんのことはない、すごく薄っぺらい話でね。結局、相手が求めていることを単純に与えているだけなんですよ。

それなら、なぜ女の考えだけがわかる意味があるねん？ってことになるんですよ。男女を問わず、相手の考えていることが読めるという設定でも、全然かまわないことになってしまう。

たとえば、女性が中華料理を食べたいと言っているのに、相手の心が読めるからホントはイタメシに行きたいとわかって、イタメシ屋に連れていって、「なぜ?」となる…みたいな展開が、一切ないわけですよ。

相手が「これをほしい」と思ったら、それを買ってあげているだけなんです。ストレートすぎるんですよ。直接的すぎて、一次元の安っぽいコメディですね。

メル・ギブソン演じる男が、女の考えてることを利用して、うまくいったのはセックスだけでしょ。あとは全部、女の思っていることを実現してやっとるだけなんです。それじゃ、女を甘やかしていくだけにしかなれへんし、そんなんアカン!

オンナっちゅうのは、ホンマに何を考えているかわからん生き物や、と世の男はみんな思ってる。その部分が知りたい、っていうところの興味から始まった企画の映画でしょう。だったら、もっとおもしろくできると思うんですけどね。

監督は女性だそうですけど、やっぱり、女の考えていることを全部わかって、やってくれる男がいいという発想なんですよ。

女って、「理想の男は?」という質問に対して、よく「やさしい人」って言うじゃないですか。それを深い意味で言っているならいいんですけど、単純に、自分のニーズを全部やってくれる人という意味で、やさしい人を求めることが多いんですよ。それは、僕には単なる甘えとしか思えない。

だから、これは男は絶対にハマらない映画ですね。女も賢い奴はハマらないでしょう。単純な女は、よかったって言うかもしれないですけど。

女の心が読めるようになるきっかけだって安直でしたし。この手の話って、どうやって特殊な力を得るのかというのがキモだったりするわけですよ。変わるきっかけと、そこからどう戻るか。それが感電ですからね(笑)。意味がよくわからない。

それからというもの、何をさわっても電磁波がくるというのならわかりますよ。ケンカになった時に、相手を電磁波でやっつけるとか(笑)。ところが、なぜ電気を浴びて、女心が読めるようになるのか？　それもきょうびドライヤーで感電しますか？　かなり安易にいってしまいましたね(笑)。

『マルコヴィッチの穴』と比べるとかなり安易ですね

そういう点では『マルコヴィッチの穴』はうまかったです。隠しドアを見つけて、そこに入っていくと…というのは、なるほど、わかるぞ、って思いますよ。

この『ハート・オブ・ウーマン』には何が言いたい、というのも全然ないし…。なんでこんなのがアメリカで当たるんでしょう。

それと、ミスキャストですね。見ていて、途中からこれはケビン・スペイシーが演じる役やろ、って思いました。

メル・ギブソンは容姿が悪くないじゃないですか。だから、もてても当たり前だろうと思ってしまうんです。そんな男よりも、ケビン・スペイシーくらいの基本的にもてない感じの男が、相手の気持ちがわかることによって、もてていくという方向にもっていったほうがいいと思うし。キャラ的にもケビン・スペイシーですね。

メル・ギブソンではちょっと無理があったなあ…演じきれてない感じもあったし。僕が見た彼の映画の中でワーストですね。

『ダンサー・イン・ザ・ダーク』がよかったので、監督の前の作品『奇跡の海』を見たんですけど、これもなかなかでした。

おおまかに言うと、『ダンサー・イン・ザ・ダーク』とほとんど一緒(笑)。あれのミュージカルふうの部分を削ぎ落として、もう少しダーティにして、時間を長くした…みたいな映画です。でも、この監督はやっぱりセンスあります。僕は好きです。

この監督はハンディカメラが好きなんですね。これは役者はけっこう楽ですよ。

結局、撮影って、カメラ割りが一番時間がかかるんです。たとえば、手紙を読むシーンにしても、現場でNGが出るのって、たいていは手紙がうまく映りこむ構図をとれてなかったということです。それで俳優がいろいろ姿勢を変えたりして大変なんですけど、ハンディだったら、逆にカメラが手紙に寄ってくれますから。普通は役者がカメラにあわせて演技をするんですけど、この撮り方はカメラのほうが勝手に動いてくれるので、役者は意外と楽です。

ドキュメンタリーふうで嫌いや、という人もいるかもしれませんけど、それは好き嫌いですからね。僕は問題ない。

ちょっとびっくりしたのは、ヒロインが何回かカメラ目線をしてる。ハンディでカメラ目線というのは、本当はやってはいけない。カメラに何かを訴えようとしている人を撮ってることになるので、劇映画としてはダメなんです。でも、平気でやってしまってますね。それも、映画が始まって、わりとすぐにヒロインがカメラ目線で笑ってましたから。エッ？ウソ？ってびっくりしました。女優のアドリブじゃないと思いますけど。この監督はアホですね(笑)。

第1章からエピローグまで8つの章立てで、各章のタイトルが出てくるんですけど、それがまたいいんですよ。絵画のような映像に音楽が流れるんですけどね。

作品全体は、ハンディで撮ってることもあるし、そんなに演技、演技しているわけでもないので、わりとぼやっとした印象なんです。だからそのままだと、ぼけた感じになってしまうんですけど、そこに各章のタイトルバックを入れることで、節々をキュッと締めるというか、「あ、映画を見てるんや」と思わせる効果をあげている。

DVDで2章ずつ見てもいいんじゃないでしょうか

こういういい映画は、逆につっこみにくい。しいて言えば、主人公の2人の出会いが全然わからないんですけどね。そこは本当にいやらしいほど語らないというか、全く見えない。普通ならそこをつきたくなるんですけど、別にそんなことええわ、と思いますから。

ラストシーンも、ハッキリとは意味がわからない。なぜ鐘が2つなのかとか、細かいところまでは。だからこの映画をどこまで理解できているのか、実はそう自信はないんです。でも、ええなあ、と思える。

このDVDは、人にすすめられます。各章にチャプターがついているので、章ごとに見ることができます。2章ずつ見てもいいんじゃないでしょうか。長い映画なので、一気に2時間40分見るのもきついかなあとも思うし。ストーリー自体は別になんってことはなくて、1週間空けても忘れるような話でもないし。

それにしても、今月の2本はすごく対照的でした。『ハート・オブ・ウーマン』はものすごく女目線。対して『奇跡の海』は、主人公は女なんですけど、やっぱり男目線の映画なんです。こういうのって、意外とありそうで、あまりないパターンかもしれない。なかなか深い映画でした。

ハート・オブ・ウーマン
★★★☆☆☆☆☆☆☆

メル・ギブソンが初めて挑戦したラブコメディ

シカゴの広告代理店を舞台に、2大アカデミー賞スターの顔合わせによるラブコメディ。メル・ギブソンがふとしたきっかけで女性の心の声が聞こえるようになった男を演じる。アメリカでは、メル・ギブソン主演作として過去最大のヒット作となった。

ストーリー

シカゴの広告代理店のクリエイティブ・ディレクター、ニック(メル・ギブソン)はライバル社から引き抜かれてきたダーシー(ヘレン・ハント)に切望していた部長のポストを奪われる。ある事故をきっかけに女性の心の声が聞こえるようになったニックは…。

2000年 アメリカ映画
製作・監督、脚本/ナンシー・メイヤーズ
出演/メル・ギブソン、ヘレン・ハント、マリサ・トメイ
2時間7分/東宝東和よりDVD発売中(4700円)

奇跡の海
★★★★★★★★☆☆

『ダンサー・イン・ザ・ダーク』の監督が描く愛の奇跡

ラース・フォン・トリアー監督の長編第5作目。本作とその後に撮った『イディオッツ』『ダンサー・イン・ザ・ダーク』の3作で、監督は同じテーマを繰り返し描き、「〝黄金の心〟3部作」と位置づけている。96年カンヌ国際映画祭審査員グランプリ受賞作。

ストーリー

1970年代初頭のスコットランド北西部、海に取り囲まれた荒涼とした土地にある村。なだらかな丘の頂上に鐘のない教会があり、厳しい戒律に従い人々は暮らしている。そんな村に生きるベスは、流れ者のヤンに出会い、結婚するが、ある悲劇がヤンを襲う…。

1996年 デンマーク映画
監督・脚本/ラース・フォン・トリアー
出演/エミリー・ワトソン
2時間36分/アミューズビデオ、東芝デジタルフロンティアよりDVD発売中(5800円)

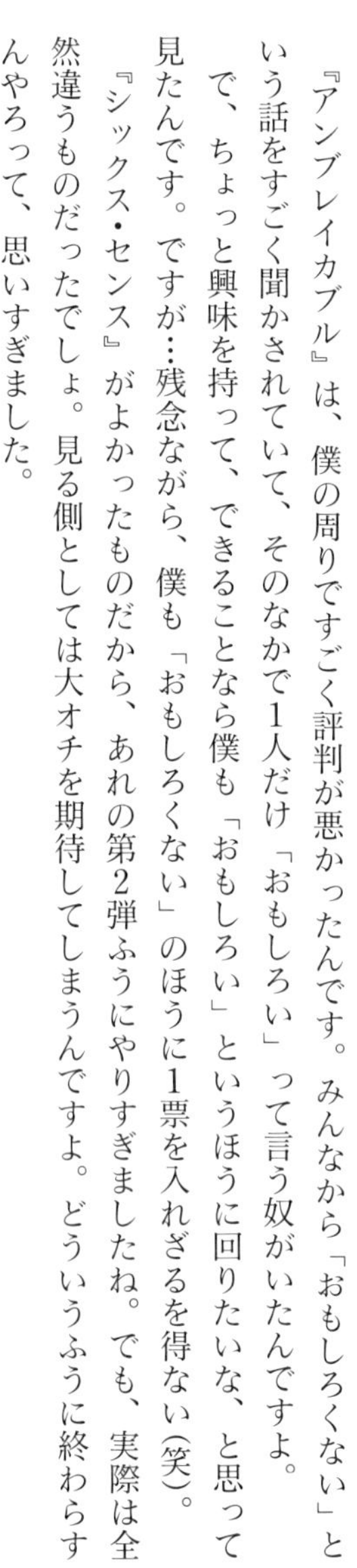

アンブレイカブル

始まって40分くらいのところがピークで、あとは下がるだけでした

01年5月

『アンブレイカブル』は、僕の周りですごく評判が悪かったんです。みんなから「おもしろくない」という話をすごく聞かされていて、そのなかで1人だけ「おもしろい」って言う奴がいたんですよ。で、ちょっと興味を持って、できることなら僕も「おもしろい」というほうに回りたいな、と思って見たんです。ですが…残念ながら、僕も「おもしろくない」のほうに1票を入れざるを得ない(笑)。

『シックス・センス』がよかったものだから、あれの第2弾ふうにやりすぎましたね。でも、実際は全然違うものだったでしょ。見る側としては大オチを期待してしまうんですよ。どういうふうに終わらすんやろって、思いすぎました。

だから『シックス・センス』とは全然無関係な映画というふうに宣伝したほうがよかったんじゃないですかね。オチといっても別にないし…、いやあるといえばあるんですけど、エッ!? って感じですから。

前半はすごくよかったんですけどね。緊迫感があって。ただ、僕のなかでこれはおもしろい映画と違うかな、と思ったのが最初から40分くらいのところで、そこでピークを迎えてしまいましたから。あとはずっと下がっていくしかなかった(笑)。

だから、映画って、おもしろいところのピークをどこに持っていくか、というのがすごく重要なんでしょうね。極端な話、全然おもしろくない話でも、ラストでピークを迎えたらそれなりに印象が悪くないですもん。ボクシングと同じで、どこでポイントを稼ぐか、ですよ。前半で稼ぎすぎると、後半でついていけなくなる分だけ、おもしろくないって言われてしまう。

この映画でも、ブルース・ウィリスの主人公はもしかしたら不死身なのかも？　と思わせていくあたりが一番おもしろいですから。そういえば病気したことがないなあ、というのは、意外と人に言われないと気がつかないものでしょう。おもろいとこに目をつけたな、と思ったんですけど、結局、そこがピークでした。

そこから後は、水に弱いとか、わけのわからないことになっていくし。だって、水に弱いのは普通の人間だってそうですからね(笑)。家庭内での出来事とかも、特に必要のない話やし、子供が出てくる必然性もそんなにない。話をむりやり引き延ばしてるみたいで、テンションが下がっていくだけでした。

僕は、ブルース・ウィリスがやった不死身の男よりもサミュエル・L・ジャクソンが演じた「すぐ骨の折れる奴」を主役にしたほうがおもろしろくなると思いました。彼のほうが全然特殊やし、もっとスポットをあててほしかったなあ。生まれた時から骨が折れてる奴っていう発想は悪くないですよ。そんなにすぐ骨が折れる奴がおるんやって、みんな興味をもちますもんね。彼を主役にもっと見たい感じがしますね。

でも、この終わり方を見たら、まだ先がありそうな感じやし、きっと続編ができますね。これからがおもしろくなるんでしょう(笑)。ただ、そうなるとブルース・ウィリスは降板するかもしれません。どう考えてもサミュエル・L・ジャクソンのほうが絶対においしい役ですもん。

『ザ・セル』は悪くないけど映画にする意味があるの?

『ザ・セル』は悪くはないんですけど、やっぱり音楽のビデオクリップなんですよねえ。イメージを映像化するということで言えば、すごくいいし、僕も好きなんです。ただ、映画ということなら、映画にする意味があんまりないんですよ。

馬が卵切り器みたいなので切られるシーンなんか非常に素晴らしいし、すごいなあ、と思うんです。でも結局は、その映像にいい曲をのせて、誰かの音楽ビデオにしたらええのんとちゃうのと思ってしまう。

それだけの技術を持ってるのなら、「それで食えるやん」ということなんですよ。居酒屋に行ったらラーメンがあって、それを食ったら妙にうまくて、「だったら居酒屋をやらんでも、ラーメン屋で十分やっていけるやん」と思ってしまう…そんな妙な残念さを感じるんですよ。映画にとらわれなくても、もっと自分のやりたい映像を撮ってたらいいのと違うかなあ。

僕はこの映画を見ていて、監督は絶対に音楽ビデオを撮ってるヤツや、とすぐにわかりました。でも、それはバレたらアカンと思うんです。バレるってことは、そこから抜け出てないということやし、ストーリーをのせた意味がないと思うから。

ヘンにストーリーをのせようとしたがゆえに、安っぽくなってしまってるんですね。犯罪者の精神世界に入っていくというストーリー自体は、僕はそんなにおもしろいと思わなかった。それはストーリーが映像に負けてしまっているということですよ。

いや、僕はある意味で、すごくこの映画をほめてるんですよ。「『ザ・セル』を見に行きたいんやけど、どう？」と聞かれたら「いいんとちゃうの」とは言えますから。

アメリカで評判になったという『トラフィック』も見ましたけど、これはテーマが麻薬撲滅でしょ。僕は前から思ってたんですが、こういう映画は全然ピンとこない。アメリカの社会における麻薬の位置がどうも理解できないから。日本で暮らしている感覚だと、どうにもよくわからないです。

この映画でも、主人公の娘が麻薬をやっていると怒るんですけど、怒り方がどうもやわいんですよ。でも、日本で自分の子供が麻薬をやってたら、とんでもないくらいに怒るでしょうし、もっと絶望もすると思うんです。ところがこの映画だと、嫁はんに対しても「お前も若いころやってたやろ」みたいな軽い感じなんですよ。

だから麻薬が、アメリカにおいて実際のところはどのくらい悪いのかという位置をはっきり教えてくれ！って思う。

でも、これはいくら人に聞いても、ピンとこないんですよ。たぶん、アメリカ人でも人それぞれに考え方が違うやろうし。タバコを吸ってるみたいなもんで家でやる分にはええがな、くらいの親もいれば、日本と同じくらいにメチャクチャ怒る親もいる。そのへんがグシャグシャなんですよ。だから、正直言って、よくわからないです。

この映画も、主人公のオヤジがあれだけ麻薬撲滅で働いてるのに、それでも娘が麻薬をやっとる。あげくの果てに家出みたいになって、それでもまだやっとる。体売るみたいなこともしとる。それでオヤジが娘を見つけた時に、ボコボコにするんかな、と思ったら、キスしましたから(笑)。ほっぺたに。そんなん日本じゃ考えられないじゃないですか！　だからもう、僕は入っていけないんですよ。採点もできない(笑)。

タコを扱った邦画をアメリカの観客がわからないのと同じ

でも、本当にアメリカはわからんです。社会におけるピストルの位置もよくわからないし。笑いもわからん。しようもない下ネタに大ブーイングしたりするかと思えば、『メリーに首ったけ』みたいな映画が大ヒットするわけでしょ。耳たぶに精液がついてて、それを女が髪につけてましたよ、あれを見て笑うかなあ(笑)。

まあ、もともと多民族の集まりですから、統一感がないと言われればそれまでですけど。だから、こういう映画を見る時は、アメリカの文化を、表面的な部分じゃなくて、ホンマになかまで入ってわかってる人間が見ないと理解できないんですよ。たぶん、日本の映画でタコとかクジラとかを扱ってるのをアメリカ人に見せてもわからないじゃないですか。それと同じですよ。

アメリカで当たってるからといって、なんでもかんでも日本に持ってこないほうがいいんですよ。R指定というのがあるのなら、「日本人にはピンときません指定」をつくってほしいですね。

アンブレイカブル

★★★★☆☆☆☆☆☆

列車衝突事故で1人生き残った男の秘密

『シックス・センス』の監督・脚本家M・ナイト・シャラマンの新作。脚本料として映画史上最高の500万ドル(約6億円)を手にしたことでも話題になった。不死身の男が自らの存在意義を知った時に起こる出来事とは…。

ストーリー

フィラデルフィアで131人もの乗員・乗客が死亡する列車事故が発生。ただ1人の生存者デヴィッド(ブルース・ウィリス)のもとにイライジャと名のる謎の男(リミュエル・L・ジャクソン)が現れ、デヴィッドの正体にかかわるある真事を告げる…。

2000年 アメリカ映画
監督・脚本/M・ナイト・シャラマン
出演/ブルース・ウィリス、サミュエル・L・ジャクソン
1時間47分/ブエナビスタ・ホームエンターテイメントよりDVD発売中(3800円)

ザ・セル

★★★★★★☆☆☆☆

女性心理学者が連続殺人犯の意識の中へ潜入する

異常殺人犯の精神世界をビジュアル化した。主演はラテン系女優ジェニファー・ロペス。監督はインド出身で、MTVクリップやCM(ナイキ、コカコーラ、リーバイスなど)を数多く手がけたターセム。

ストーリー

若い女性をガラスのショーケース〝セル〟に閉じこめて、水を満たして溺死させるという連続異常殺人事件が起こり、その犯人が意識不明の状態で発見された。行方不明の被害者の行方を見つけるため、女性心理学者が犯人の精神世界に入りこむ。

2000年 アメリカ映画
監督/ターセム
出演/ジェニファー・ロペス、ヴィンス・ヴォーン
1時間49分/パイオニアLDCよりDVD発売中(4700円)

マレーナ

男と女の恥ずかしいところをついてくる、意外に深い映画です

01年6月

『マレーナ』はよかったですね。いきなりですけど9点(笑)。この監督の作品は『ニュー・シネマ・パラダイス』『海の上のピアニスト』も見てるんですけど、3本の中で一番好きです。

この監督の映画は心に残ります。いずれもロケ地というか、舞台選びがうまいんじゃないでしょうか。どこで撮るかに、命をかけてるような気がします。それはけっこう大きいでしょうね。

この『マレーナ』も、シチリア島で撮ったというだけで50点確保しているようなものです(笑)。でも、それだけじゃなくて、僕がこの映画を好きなのは、意外と深いからなんです。

最初は『青い体験』みたいな映画かな、と思ったんです。少年が年上の女に恋をして、いろいろ手ほどきしてもらうみたいな。ところが実際は、男と女のすごく恥ずかしい部分というか、嫌なところをチクチクついてくる映画なんです。そういうとこが、ちょっと好きですね。

第二次大戦が始まって間もないころ、1940年のシチリア島が舞台です。その片田舎の島に嫁いできた美女がマレーナで、物語の語り部である少年の憧れの的になる。でもマレーナの夫は新婚2週間で徴兵され、彼女は一人暮らしを余儀なくされる。それで彼女の一挙一動が、小さな村の噂として広がっていくという話なんです。

で、おもしろいのは、おっさんとその嫁はんが歩いていて、マレーナを見る時、嫁はんは「あんな女」って言うてるんですけど、おっさんは「ホンマはちょっとやりたいんやけどなあ…」って顔なんです。

僕らの場合だったら、彼女と一緒にテレビを見ていて、かわいい女の子が出てきて、彼女は「この子キライ！」って言ってるけど、「オレはちょっと好きなんやけど…」って思ってるような感じ(笑)。そういう人間の心理の恥ずかしい面をついてくるとこが、この映画にはあるんですね。

それと、女の怖さと嫌らしさと嫉妬。

弁護士の愛人になったり、ナチ将校にもてあそばれたりして堕落したマレーナは、島の女たちにリンチにあって、村を追われます。その数年後、また島に戻ってきて、買い物をする場面があるんです。その時に、店の女性がサービスで安くしてあげる。それは以前にマレーナにリンチを加えた後ろめたさとか、慈悲の気持ちなのかな、と一瞬思わせるんですけど、実は違うんですよ。

マレーナが、ちょっと老けたからなんです。彼女が以前ほど美しくなかったから。それで、「こじわが増えたわね」みたいなことを言うんですけどね。

つまり、島の女たちはマレーナのおこないが許せなくてリンチをしたんじゃなくて、結局、美しさに嫉妬してただけなんです。だから、前ほど美しくないマレーナのことは、もうそんなに嫌いじゃないんです。

女ってやつはホントに嫉妬の生き物ですね(笑)

おもしろいですね、この映画は。あまりおおっぴらに言わないほうがいいのかもしれないけれど、女ってやつは、ホントに嫉妬の生き物ですから(笑)。

だから、たとえば男が「女子高生が好きや」って言うと、口をそろえて女たちは「ロリコン！」って言うんですよ。でも、それはウソですよ。だって今の高校生は、はっきり言えば、オンナですもん。ロリコンというのは、小学生とか、まだ胸も出てない、毛もはえてないような子が好きな男のことでしょう。なのに、女子高生好きをロリコンというのは、そういうことにしておかないと、自分らの立場がないからなんです。肌の張りとかで負けてるのは、絶対にわかってるから。でも、それは絶対に認めたくない。それが女なんですよ。

もちろん男だって、カッコいい男に嫉妬することはあります。けど、せいぜい20歳くらいまでで、あとは腕力とか仕事に関心が変わっていくと思うんです。でも、女って永遠に美に対する嫉妬がありますね。

うちのオカンでもね、僕が子供のころの話ですけど、ワイドショーを見ていて、そこそこの年の男のタレントが若い嫁さんをもらったとかいう話に、すごく怒るんですよ。「なんや、まだコドモやないの」とか言って。若い女が好きな男に腹を立ててるんです。でも、オヤジは怒ってない。むしろ、うらやましいと思ってる(笑)。それが男と女の大きな違いですね。僕も子供心に、すごい違和感を感じましたもん。

もちろん、この映画は女の嫉妬だけを描いてるわけではないです。映画の種類としては、何かひとつに焦点を絞るタイプではない。美しい風景を押さえつつ、子供のころの懐かしい感じも押さえつつ、女の怖さや男のバカさも押さえつつと、いろんな要所を押さえてると思います。でも、僕はやっぱり、最後に手のひらを返した女の怖さが印象に残りましたね。

満点じゃなくて9点なのは、この監督にしては1時間32分と短いのですが、それでもちょっと長い感じがしたからです。だからおもしろくない、というわけじゃないですけど。なんでしょう、絵で言うところの風景画みたいなとこがあるんですよ、この映画は。美術館に行っても、風景画って、そうそう長い時間は見られないですよね。逆にダリとかの絵はもうムチャクチャだから、足をとめてじっくり見てしまいます。でも、どっちがいいかというと、一概には言えない。なんかそんな感じですね。

とにかく、これは意外とすばらしい映画でした。僕が37年間で見てきた映画のうちでベスト50位内には入ります(笑)。

『レクイエム・フォー・ドリーム』は3人の主人公が麻薬や薬物の中毒で、それぞれに堕ちていくという話です。

悪くはないんですけどね。ハッピーエンドじゃないところも嫌いじゃない。

ただ、好き嫌いですけど、なにか鼻につくんです。カッコよろしいでしょう、みたいな(笑)。キザな感じがちょっとしたかかな。監督も20代で、才能がないことはないと思うんですけど、おもしろかったらなんでもええやん、みたいなところがあって、僕なんかは、もうちょっとルールがあるんとちゃうの、とも思ってしまう。

それは僕が中途半端な年齢やということもあると思うんです。お笑いの世界でも、師匠の言ってることもわかるけど、最近の若手のやり方も、まあわからんわけでもないみたいなことと同じですね。

だから『マレーナ』は師匠の芸で、ちょっと長いけど、完成されたものを見せてもらったとしたら、『レクイレム・フォー・ドリーム』はまだ若くて荒い。

『レクイエム・フォー・ドリーム』は若手の笑いに似てる

おそらく『マレーナ』は、監督の頭の中で撮っているうちからイメージがはっきりしていて、クランクアップして1～2週間で粗く編集しても、ある程度は見せられると思うんです。逆に『レクイエム・フォー・ドリーム』は撮る時は意外にいい加減に撮ってるのと違うかな。それで、後で編集に時間をたっぷりかけるというつくり方だと思うんです。デジタル編集でしょう。すると、どうしても編集遊びというか、チャラチャラした映画になりますよね。

だからどっちがいい、とは言いがたいんですけどね。まあ、『マレーナ』のような映画は、それはそれであってほしいし、『レクイエム・フォー・ドリーム』みたいな撮り方のものも別にそれでいいと思うんです。ただ、ちょっとストーリーがおろそかというか…。まあ、ええやんみたいなとこでごまかされている感があるんですよ。

もしストーリーが本当におもしろくできていたら、監督もこんな編集をグシャグシャとしないと思うんですよ。やっぱり、ちょっと逃げてるような気がするなあ。そういうところも、今の若手の笑いに似てるかなあ(笑)。

マレーナ ★★★★★★★★★☆

年上の女マレーナを想う12歳の少年の恋

『海の上のピアニスト』のジュゼッペ・トルナトーレ監督が、自身の故郷イタリアのシチリア島を舞台に、年上の女性を想う少年の恋物語を描く。音楽は『ニュー・シネマ・パラダイス』以来コンビを組むエンリオ・モリコーネ。

ストーリー

第二次大戦中のイタリア、シチリア島。12歳の少年レナートは美しい年上の女性マレーナに一目で恋をした。戦争未亡人の彼女には次々と悲劇が襲いかかる。無力ながらも少年は、マレーナを必死で守ろうとするが…。

2000年 イタリア・アメリカ映画
監督・脚本／ジュゼッペ・トルナトーレ
出演／モニカ・ベルッチ、ジュゼッペ・スルファーロ
1時間32分／日活よりDVD発売中(3800円)

レクイエム・フォー・ドリーム ★★★★★☆☆☆☆☆

ドラッグ中毒で墜ちてゆく恋人たちの運命

現実逃避の手段としてドラッグや薬物を使用するうちに、中毒になり破滅していく人間の弱さ、その幻覚映像をハイスピードのビジュアルで描く衝撃作。ダーレン・アロノフスキーはデビュー作『π』で注目を浴びた新鋭監督。

ストーリー

麻薬の売人をやるうちに自らも中毒になってしまう恋人たち、過度のダイエットから薬物中毒に陥る未亡人の母親、3人はそれぞれに墜ちて破滅していく…。

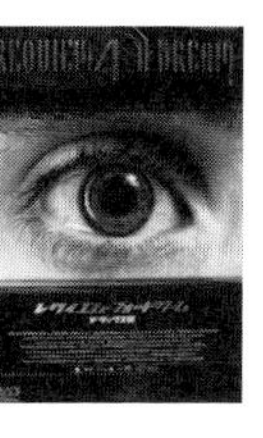

2000年 アメリカ映画
監督・脚本／ダーレン・アロノフスキー
出演／エレン・バースティン、ジャレッド・レト
1時間42分／パイオニアLDCよりDVD2月22日発売(4700円)

グリーンデスティニー

ワイヤーワークに「完璧じゃないよさ」を感じました

01年7月

『グリーンデスティニー』はすごかったですね。俳優を宙吊りにして飛ばすワイヤーワークの技術には驚きました。

始まって10分か15分くらいのところでミシェル・ヨーとチャン・ツィイーの女優2人が、壁から壁へ屋根から屋根へと駆け上ったり下りたりしながら追跡劇を繰り広げるんですが、思っていたよりすごいアクションがいきなり、それもけっこう長時間出てきたので、「うわっ！」って思いました。

でも、本当にすごいんじゃないですか。カンフーを新しい技術で見せるという、まさに温故知新です。ワイヤーワークの歴史があまりよくわかってないんですけど、自分が見た映画では、初めてちゃんと意識したのは『マトリックス』だったと思うんです。それ以前だと、『ピーターパン』の舞台で空を飛ぶ技術くらいの認識しかなかったので、それがここまで来たんやなあ、という驚きがありましたね。

まあ、ワイヤーワークを映画の評価に加えるのはどうなのかな？　ということもありますけど。それやったら、「人形劇やんけ」となる(笑)。悪く言えば、人間を人形みたいに吊って、振り回しとるだけのことですよ。でも、そういう意見を強引に退けてしまうだけの「技術」はあります。

日本人としては、くやしいですね。だって、本来ならば、ワイヤーワークが一番生きるのは忍者ものじゃないですか。本当は日本映画が忍者でやらないとあかんことなんです。千葉真一なんて、くやしくてて「キーッ！」となって見てたと思いますよ(笑)。

ハリウッド映画がどんどん、金のかかる邪魔くさいところはデジタルのCGで処理してしまえみたいになっているのに対して、中国人はある意味で、アナログの極みであるワイヤーワークを日夜、追求しているわけです。中国人は恐ろしいですよ(笑)。

昔は日本映画も、カネがないところを技術とか根性とかで補って、いい映画をたくさんつくってきたと思うんですけど、最近の映画ではそれがさっぱり生かされてない。もう日本人は負けてますね。

ただ『グリーンデスティニー』はストーリーはおもしろくない。途中でチャン・ツィイーとチャン・チェンという若い2人の回想シーンが延々とあるんですけど、その荒野の場面なんかダルかった。全体にそうカネはかけられないし、かといって時間は埋めないといけないということで入れたんでしょうけど、アクションらしいアクションもないし、おもしろくないですね。

それとも、チョウ・ユンファ、ミシェル・ヨーという2大スターと一緒にいたら気をつかうし、若いもんだけ連れてちょっとロケにでも行こうか、ということだったんでしょうか。いつも師匠がそばにいると、もう息が詰まるでえ、って。きっと、そういうことなんでしょう(笑)。

チャン・ツィイーは、どこまで本当にカンフーができるのかわからないですけど、まあがんばってると思います。アイドル映画の『初恋のきた道』の女の子ですね。そんなにかわいくもないですけど、きっとこのくらいの不完全さがいいんでしょう。中国ほど広い国なら、実際はもっとかわいい子はいっぱいいるんでしょうけど。

それと同じことだと思うんですけど、ワイヤーワークにしても、おかしなところはあるんですよ。完全に吊ってるやん、っていう。でも、それがよかったりもするんですね。あまり滑らかにいきすぎると、だったらCGでええやんということにもなる。最後の戦いで、チョウ・ユンファが竹の先にとまっているのも、よく見ると、とまってないですもん。「けど、まあいいか」くらいの不完全さがいいのかなあ。

笑いでも、あまりにうますぎると、ちょっとひいてしまうとこってあるじゃないですか。でき過ぎやなあ、みたいに言われる。会話でも、「この間、こんなおもろい話があったで」と言っても、あんまり完成度が高いと「ほんまか?」と思われたり、「ネタやろ」と言われる。それと同じで、映画にも「完璧じゃないよさ」みたいなもんがあるんでしょうね。

『羊たちの沈黙』の続編をつくることに無理があった

『ハンニバル』は結論から言うと、あまりおもしろくないです。

ここ何年かのサイコものって、紳士的な「静」の怖さを強調したキャラクターが多かったと思うんです。紳士でありながら、なにか怖いぞ、いつかガーッとくるんと違うか、というパターン。それが僕の中では少し飽きてるとこがあるんです。

今回のレクターの場合も、すごい紳士で、でもあいつを怒らせたら、怖いで、って言っていながら、なかなか怒らない。それで結局、最後までたいして怒らないままで終わってしまった感がある。そこが一番おもしろくないとこじゃないでしょうか。

だから『羊たちの沈黙』の続編をつくったこと自体に、無理があったんでしょう。

前作の時は、観客に予備知識がなかったから、「それほど怖いと思ってなかったのに、こんなに怖かったで」とか「これって意外にラブストーリーと違うの」みたいなことで話題になったと思うんです。

それが続編になると、最初から全部わかってることなので、あまり驚かないですね。ラストにしても、あれで逆にレクターの怖さの底が見えたみたいな感じになりました。あの終わり方は絶対違いますよ。

それと、原作を読んでいたので、よけいにそう思ったのかもしれないですけど、オーバー気味で撮って、後で無理やり2時間に編集したみたいな感じがしました。文庫本で上下巻ある分厚い原作を2時間に収められないのは最初からわかっていることで、だったら映画は途中で終わってるのかなと思ってたら、わりと話が全部入ってるんですよ。

ということは、かなりはしょってる。それも最初から考えてたのじゃなくて、撮り終わってからあわてて編集ではしょったように感じました。

だから観客が一体何を期待して、この映画を見に来てるのかを、製作者がいまひとつ理解できていなかったように感じました。たとえば、原作ではレクターがつかまった時に豚小屋でムチャクチャされますけど、映画では一切なかった。でも観客は、そういうのをちゃんとやってほしい。拷問にあうレクターを見たかったりするんですよ。レクターが一方的にかっこよく殺すだけじゃなくて、やられるとこも実は大事なんです。

脳味噌のシーンも、「すごいやろ、どうやって撮ってるか知りたいやろ」みたいな感じでした。でも、そんなん知りたくもないし、怖くもないですよ。レクターの怖さって、そういうのと違うじゃないですか。もっと心理的な怖さを見たいわけですよ。だって脳味噌を食うのは、やろうと思ったら誰でもできるわけですから(笑)。

ゲイリー・オールドマンは絶対出演して後悔している

メイスン役のゲイリー・オールドマンは、もったいないですね。僕はわりと彼が好きなので、残念でした。彼も絶対失敗したと思ってますよ。メイクはやたら時間がかかるし、がんばってるわりにはおいしくない役やし。撮影2日目くらいから、もう後悔してたと思います(笑)。

原作では、声も普通の声じゃなくて、機械的な合成音ということになっていたので、怖いなあと思ってたんです。けど、映画では全然普通の彼の声でした。

きっと彼の事務所から、見た目でこれだけわかりにくいんやから声だけでもそのまま使ってもらわないと困る、という横やりがあったんでしょう。声まで変えられたら、誰だかわからないし、もう勘弁してーな、というね。

そういう事務所とのやりとりもちょっと見えてしまいました(笑)。

グリーンデスティニー

★★★★★★★★☆☆

伝説の剣をめぐる4人の男女の死闘と運命の恋

2001年のアカデミー賞4部門（外国語映画、撮影、作曲、美術）で最優秀賞を受賞。アジアのスター4人の顔合わせとワイヤーワークを使った派手なアクションの連続で話題を呼び、全米で大ヒットした。

ストーリー

19世紀初頭の中国。天下の名剣グリーンデスティニーを操るリー・ムーバイ（チョウ・ユンファ）は女弟子ユー・シューリン（ミシェル・ヨー）と心を寄せあっていた。ムーバイは仇敵との長きにわたる争いに嫌気がさし剣を置く。その剣を、ジェイドの陰の弟子イェン（チャン・ツィイー）が盗み出す。

2000年　アメリカ・中国合作
製作・監督／アン・リー
出演／チョウ・ユンファ、ミシェル・ヨー、チャン・ツィイー
1時間59分／ソニー・ピクチャーズエンタテインメントよりDVD発売中（3800円）

ハンニバル

★★★★☆☆☆☆☆☆

ラストが賛否両論を呼んだ『羊たちの沈黙』の続編

『羊たちの沈黙』から10年ぶりに登場した続編。原作は180万部を超すベストセラー。その原作から大きく変わった衝撃的なラストが賛否両論となった。2001年上半期No.1のヒット作である。

ストーリー

麻薬売人との銃撃戦をめぐって、マスコミや司法省から糾弾され窮地に立たされたFBI捜査官クラリスのもとに、レクター博士からの手紙が届く。一方、レクターへの復讐の機会を狙う大富豪メイスンは、クラリスをおとりにレクターをおびき寄せる計画に着手する。

2001年　アメリカ映画
監督／リドリー・スコット
出演／アンソニー・ホプキンス、ジュリアン・ムーア
2時間11分／東宝ビデオよりDVD発売中（9800円）

リトル・ダンサー

2時間かけてチラシの説明をしてる本末転倒の映画でした

01年8月

『ショコラ』はまあまあ当たったみたいですね。たまたま渋谷を通ったら、上映館に若い女性がけっこう並んでたので「へえー、入ってるんや」と思いました。だから、ハリウッド映画の大々的なアクションに嫌気がさしてる人がけっこう増えてきてる気がしますね。こんな感じの映画はこれから増えてくるんじゃないですか。

ひとつわからなかったのは、これはアメリカ映画ですよね。でも舞台はフランスの小さな町で、登場人物がしゃべってるのは英語です。なのにムッシュとかマドモアゼルとかは出てくる。タイトルもチョコレートじゃなくて、フランス語のショコラ。これは一体どういうことでしょうか？

おそらくフランスっぽい雰囲気は出したいけど、アメリカ映画やし、英語は絶対に譲れないということなんでしょう。アメリカ映画はちょいちょいこういうことをやりよる。いや、だからどうということもないんですけど。ただ、「オレはそんなことも気づくゾ」と言いたかっただけです(笑)。

簡単に言いますと、これはおとぎ話です。だから女の子は喜ぶタイプの映画で、男の僕が見れば、ショコラとかけるわけじゃないですが、甘ったるい感じがしました。もう少しビターでいってほしかったなあ。まあ、「カップルで見るなら何がおすすめですか?」と聞かれたら、「今だとこれじゃないですか」というような映画でしょうか。

僕がこの映画を見たい、と思ったのは、てっきりチョコレートがない町に主人公の親子がチョコを伝えに来た話だと思ったんです。カステラを伝えたオランダ人みたいに。だから、町の人が初めてチョコを食べて、「なんだこれは!?」となるのかと期待してたんです。でも、全然違いましたねえ(笑)。

あと、気になったのがカンガルーです。女の子がカンガルーを飼っているということだったんですけど、実際には全然出てこないんです。で、最後のほうになってやっとカンガルーが出てきて、ピョンピョン跳んでどっかへ行ってしまう。

たぶん、あのカンガルーは実際にいたわけじゃなくて、女の子の想像の産物なんでしょう。主人公の親子はどっかからの流れ者で、流れ流れてこの町に着いて、また町を離れようとした時にカンガルーが出てきた。だから霊みたいなもので、今までカンガルーがいたからピョンピョンといろんなところに行ってたけど、カンガルーが体から抜け出ていって、取り払われたので、この町に居着くようになりました、ということが言いたいんでしょう、きっと。

それにしても、フランスとカンガルーがつながらないし、いかにもフランスの片田舎という店の前の光景とカンガルーがあまりに似あわないので、「ん?」となって、悩んでしまったんですけど。

でも、僕はちょっと好きな映画かもしれません。ホワーッとした感じが。ついついサントラCDも買ってしまいましたし。

バレエが好きな子なのに、なぜタップを踊るのか？

『リトル・ダンサー』は、まずタイトルのつけ方がヘタくそです。僕みたいな、子供で感動させるつくりの話が好きじゃない者から言わせると、タイトルを聞いただけで「見たくないなあ」って思ってしまう。

それにリトルというほど子供でもなかったし。わりと体も大きかったでしょう。11歳という設定でしたけど、僕らの感覚では、リトルって言われたら5つとか6つの子供を考えてしまいますよ。決して「リトル・ダンサー」じゃないと思うんですけどね。

原題は主人公の名前の『ビリー・エリオット』ですから、日本でこのタイトルをつけたんでしょうけど、つけた奴はアホですね。『ショコラ』は、原題そのままですけど、いいタイトルだと思いますね。

でも、『リトル・ダンサー』もそう悪い作品ではなかったですよ。少なくとも、友達に「まあまあオモロかったで」と言って、この映画のビデオを渡して、次に会った時に「どこがオモロいんじゃ、コラッ！」と言われないやろうな、とは思います(笑)。

ただ、この監督は映画をあまりわかってないみたいですね。この少年って、そんなにダンスがうまいですか？(笑)。普通、この手の映画って、そこがキモじゃないですか。思わず、スゴイなあ！ってなるのが従来のダンスものやと思うんです。でも、あまりうまくない。そこが斬新やと言われたら、そうなのかもしれないんですが、ちょっと「ウソ〜!?」と思いました。

それに、なぜタップダンスなのか。バレエ学校の面接の時もタップをやってますね。でも、この少年はバレエが好きで、バレエにはまっていくんでしょう。チラシにも「僕がバレエ・ダンサーを夢見てはいけないの?」と書いてますよ。なのに、なぜタップを踊ってるんですか? アホでしょ、この監督は(笑)。一本筋が通ってなくて、イマイチどうしたいのかよくわからない。

演出のアイデアもあまりないですね。僕が監督なら、ボクシンググローブの中にトーシューズを隠させます。オヤジの目を盗んで、ボクシングの練習をしてるふりをしてバレエを習ってるわけですよ。だったらバレエのシューズをどこに隠して持っていくのか、と考えたら、グローブの中に入れるのが絶対にいいと思うんです。なぜこの監督はそれをしないのか? せっかくバレエの象徴であるシューズと、ボクシングの象徴のグローブが同じような大きさと形で、いい感じでシューズがグローブに入ると思うんですけどね。それをスポッと出すという、その発想がほしいなあ。

エンディングもルール違反です。僕はてっきり、大人になったあの子が踊りだすと、オーバーラップで子供の踊りになると思ったんです。その前に、なぜ大人になった姿を急に出すのかという疑問もあったんですけど、でも、出してきたということは、この男が踊ってる最中にパッと子供に変わるはずや、と。先走って、「あっ、そういう終わり方ね。はいはい、悪くないやん」と思ってたら、大人のまま終わってしまいました。なんじゃそりゃ!ですよ。最後の最後に急に出てきた、映画に全然関係なかった奴で終わらすかあ?

ウソでも、あの子供が踊って終わらんとアカンでしょう

やっぱり、ウソでも、あの子供が踊って終わらんとアカンでしょう。だってあの男は途中参加ですよ。ロケにもつきあってないですよ。この映画がどういう映画かも全然わかってないですよ。ざっと脚本は読んだでしょうけど、途中まで読んで「自分には関係ないなあ」と思って、多分読むのをやめてますよ。で、監督から「ちょっと主役の子供に会っといてくれ」と言われて、「君が大人になった役を俺がやるねん」みたいな話を二言、三言、子供と交わして、「何話してええかわからんし、イマイチ盛り上がらへんかったなあ」みたいに思って(笑)。撮影の日には、子供も来てない。

それで、出来上がって初めて映画を見るわけですよ。「俺の場面、いつ出てくるねん?」と思いながら見て、ちょっとビデオを早送りしたりして(笑)。自分のとこになったら止めて、「ああ、こんな感じに使われてるのか。あそこはちょっとカットされてるなあ」って。

もう、わかるじゃないですか。絶対そうですよ。そんなんアカンでしょ。やっぱり、この映画は、あの子供で終わらんと。

最悪なのは、ラストで大人になったあいつに延々と踊られることでしたけど、さすがにそれはしませんでしたね(笑)。

要するに、監督はあまり深いことは考えてなくて、最初の切り口だけの映画なんです。だから、このチラシがすべてなんですよ。2時間かけてチラシの写真を説明してるみたいなことで、本末転倒ですね。

その点、ショコラのほうは、チラシも多くを語らず、でもなんだろう、ちょっとおもしろいかも、というつくりで、なかなかうまいと思うんですけどね。

リトル・ダンサー

★★★★☆☆☆☆☆☆

バレエ・ダンサーにあこがれる男の子の物語

2001年のミニシアター系ヒット作。イギリスでも大ヒットしており、2000年の年間興収7位の作品。バレエ・ダンサーを夢見る男の子の情熱と彼の夢をかなえようと応援する家族愛を描く。

ストーリー

11歳のビリーはバレエ・ダンサーにあこがれる男の子。炭坑のストライキで失業中の父親は、強い男になってほしくてボクシングを習わせるが、ビリーは隠れてバレエの練習に。最初は反対していた父親もひたむきなビリーの姿に心をうたれ…。

2000年　イギリス映画
監督／スティーヴン・ダルドリー
出演／ジェイミー・ベル、ジュリー・ウォルターズ、ゲイリー・ルイス
1時間51分／日本ヘラルド映画よりDVD発売中（4700円）

ショコラ

★★★★★★★☆☆☆

人を幸せにする不思議なチョコを売る母娘

『サイダーハウス・ルール』のラッセ・ハルストレム監督作。フランスの田舎町を舞台に、食べた人を幸せにする不思議なチョコを売る謎の母娘をおとぎ話の感覚で描くほのぼの映画。

ストーリー

フランスの小さな村に謎めいた母娘がやって来て、チョコレート・ショップを開店する。村の人々は自分の好みにピタリとあわせてすすめられるチョコの虜になり、伝統的な村は少しずつ変わっていくが…。

2000年　アメリカ映画
監督／ラッセ・ハルストレム
出演／ジュリエット・ビノシュ、ジョニー・デップ
2時間1分／アスミック、松竹、角川書店よりDVD発売中（3800円）

ドリヴン

ドラえもんと一緒にマンガ祭りに入れたほうがいいんじゃないですか

01年9月

『JSA』は、韓国で『シュリ』を上回る大ヒットを記録したということです。日本では『シュリ』には及ばなかったけど、まあまあ人が入ったみたいで、僕の周りでも、あまり悪い評判は聞かないですね。どっちも南北分断の問題がテーマですが、『シュリ』が北朝鮮を悪者に仕立てていたのに対して、『JSA』は北の人が見ても全然いい映画です。そういう意味じゃ、『シュリ』よりはいいのかもしれない。

ただ僕は、周りが言うほどおもしろいとは思わなかった。見た日の夜、テレビの生番組に井筒和幸監督が出ていて、たまたまこの映画の感想を言ってたんですよ。びっくりしたんですけど、僕と全く同じ感想だったんですね。「結局、ようわからん」、と。

僕は、最後の撃ち合いで誰が誰を撃ったかイマイチわからなかった。でも、一緒に見てた後輩は「そうですかあ？」という感じだったので、「オレが集中力が欠けてたかなあ？」と思ってたんです。そしたら、井筒さんも「誰が誰を撃ったのかようわからん」と言ってたから、「そうやろう」と。だからといって、ビデオでもう一回見て確かめたいとかは、全然思わないですけど。犯人当ての映画でもないし。でも、ちょっとすっきりしない映画ですね。

それと、気に入らないのが宣伝のやり方です。『シュリ』の時は「ハリウッドを超えた！」でした。僕はそれが嫌で、この連載でも「ハリウッドを超えようとしてどうすんねん」と文句を言いました。そしたら今度は、「『シュリ』を超えた！」ですよ(笑)。どうしても何かを超えないとあかんのかい？　何かを超えるイコール成功という考え方自体が好きじゃないですね。

それに、「『シュリ』を超えた」といわれたら、金をかけて、すごいアクションをやったんかなあ、と思って見に行く人も多いと思うんです。でも実際は、ほとんど密室の出来事です。38度線上にある板門店のオープンセットを再現するのにすごい金をかけただけで、映画自体はかなり安っぽい。

そもそも『シュリ』を超えた、というのは『シュリ』がおもしろいというのが前提です。けど、僕はハリウッドのモノマネにすぎない『シュリ』がいいとは全然思わないから、あんまりピンとこない。韓国での興行成績が『シュリ』を超えたといわれても、日本の客には関係ないですからね。

アジア映画を見ていると役者が知り合いに似てて…

余談ですが、アジア映画を見ていて気になるのが、出ている役者が知り合いにすごく似てる場合があることです。『ＪＳＡ』でも、主役の男がマネジャーのイソマタにごっつ似てて、それが気になって(笑)。

これが日本映画だったら、誰々に似てるといっても、その役者をよく知ってるから、「おまえ、似てるなー」というくらいのことです。でも、なじみのない役者がスクリーンに出てきて、知り合いに似てたら気になりますよねえ。そこが、この映画にちょっと入っていけなかったとこでもありました。本当に私的なことですけど(笑)。

でも、これはアジア映画を見る時に避けられないことですね。古くはチョウ・ユンファも、太平シローさんによく似てるでしょ。でもチョウ・ユンファはシローを知らないし、すごくカッコよくやるじゃないですか。すると、僕は「うわあ、シローさんに似てるなあ」って思ってるから、カッコつければつけるほど、笑いそうになってしまう。どうしようもないですね。誰が悪いわけじゃないし。アジア映画は、日本人から評価を受ける際に、少しハンディキャップを負ってるかもしれません。

ついでに言えば、僕はニコラス・ケイジが、ものすごく藤田まことさんに見える時があるんですよ。それで笑ってしまいそうになるんですけど。でも逆に、藤田まことさんがニコラス・ケイジに見えてしまうことはない。そこが不思議です。まあ、どうでもいい話ですけど(笑)。

韓国映画といえば、『カル』も見ました。これも、なんや『シュリ』を超えたみたいなことを言うてましたね。韓国映画の宣伝は、それぱっかり言いよる。

『カル』はムチャクチャでした。話が途中で終わってるんですもん。百人中百人が絶対に意味がわからないようにつくってあるんです。それで「謎がいっぱいあるだろう」って言われて、謎を解きたければ、本を読め、インターネットを見ろ、みたいなやり方なんです。そしたら、この映画はなんのために存在したんや？　という話ですよ。

桃太郎でいうところの、キビダンゴをやるシーンをカットしておいて、「なぜ犬と猿とキジが家来になったのでしょう？　君にはわからないかなー？」と言われてるようなもんです。そんなん、わかるわけないじゃないですか。腹が立ちましたよ。

『カル』は論外として、『シュリ』も『ＪＳＡ』も南北分断ものでしょう。だから韓国の監督には、一回南北問題のテーマ以外でどれだけのことができるのか、お手並みを拝見したいなあって感じですね。

『カル』もひどいけど、『ドリヴン』もおもしろくなかった。これも宣伝の仕方がずるい。セナを広告塔みたいにしてるでしょう。セナに捧げるためにスタローンが脚本を書き下ろした、と言ってるのでセナの半生なのかなって一瞬思ったんですよ。そしたら全然関係ない。セナもこれを捧げられたらキツイでしょう。

ルールがわからない上にこの話じゃおもしろいわけがない

結局、途中で出てくる公道でのカーチェイス、あれをやりたかったんでしょうね。たぶん、それのみでしょう。

スタローンにすれば、もうジジイやからメインをやる気もなく、若手に主役を譲った形で出ることにしたけど、おいしいところもほしい。アクション映画をやめると言ったものの、普通の映画をやってもいっこうに当たらないし、といってアクションをまたバリバリやる年齢でもないし、そのへんをうやむやにした感じで、半身くらいの感じで出つつというスタンスですね。でも、公道でカーレースという一番の見せ場のとこは楽しそうやし、そこだけはオレも出ておきたい。それだけのことでしょう。

こういうアクション映画で話がどうこうと言ってもしようがないんですが、それにしても、仲間がクラッシュしたからといって、途中でレースを放り出して、コースを逆走して助けに行くのはメチャクチャじゃないですか？　じゃあ、F1でもバイクでも、テレビで見てると、クラッシュしたのを無視してどんどん走ってるけど、あれは悪なのかい？(笑)

だったら、そのあとのレースでも、いつでも助けにいけよ、って話じゃないですか。いや、あれはガソリンに引火して死亡事故になりそうだから助けにいっただけだ、と言うかもしれないけど、それは結果論で、あの段階ではそこまでの大事故になるかどうかもわからないのに、コースを逆行して走るほうが絶対に危ない！って。

この映画は誰が見てもおもしろくないと思いますよ。アメフトの映画『エニイ・ギブン・サンデー』の時も言いましたけど、まずルールがよくわからない。同じチームの2台が協力してレースに臨むというシステム自体知らないですから。見ていて、なんとなくそうなんかなあ、とわかってくるくらいで、ルールがわからないから入っていけないですね。その上、このメチャクチャな話でしょう。おもしろいわけないですよ。

まあ、レースのスピード感を楽しむということではテレビゲームと同じですから、小学生を相手に宣伝したほうがいいですね。ポケモンとかドラえもんとかのマンガ祭りに入れたら、いいくらいの映画です。ポスターも、ドラえもんとかと一緒に、スタローンの顔だけ写真で体はマンガにして入れて、「見てくれよな」みたいな吹き出しをつけたらいいんじゃないですか(笑)。

ドリヴン

☆☆☆☆☆☆☆☆☆☆

シルベスター・スタローンが脚本も手がけたカーレース映画

シルベスター・スタローンが製作・脚本・出演と3役をこなしたカーレース映画。全世界5カ国で開催された本物のレース映像とCG技術を駆使した映像を融合させて、時速400キロを超えるレースの臨場感を体験させる。

ストーリー

CARTのシーズンが開幕。前年のチャンピオンを抜いて、無名のルーキー(キップ・パルデュー)がトップに躍り出るが、プレッシャーにつぶされ、スランプに。彼を立ち直らせるためにかつての化形ドライバー(スタローン)が呼び戻される。

2001年　アメリカ映画
監督／レニー・ハーリン
出演／シルベスター・スタローン、キップ・パルデュー
1時間57分／日本ヘラルド映画よりDVD2月20日発売(4700円)

JSA

★★★★★☆☆☆☆☆

38度線上の射殺事件の謎 韓国で『シュリ』を抜いたヒット作

南北分断の象徴である38度線上の共同警備区域(JSA)で起こった射殺事件。南北分断のテーマを「アクション×ラブストーリー」で描いた『シュリ』に対して、「サスペンス×ヒューマンドラマ」として描き、韓国で大ヒット。

ストーリー

38度線上の共同警備区域で起こった射殺事件で生き残った南北の兵士たちは、互いに全く異なる陳述を繰り返した。中立国監督委員会は、責任捜査官として韓国系スイス人女性将校を派遣。彼女は徐々に事件の真相に迫っていく。

2000年　韓国映画
監督／パク・チャヌク
出演／ソン・ガンホ、イ・ビョンホン、イ・ヨンエ、キム・テウ
1時間50分／東芝デジタルフロンティアよりDVD発売中(4800円)

A.I.

ジゴロ・ロボットのセックスとはどんなものか、見てみたかった

01年10月

『A.I.』は評判が悪いですねえ。周りで「いい」という意見を聞いたことがない。僕も、みんなと同じように、あまりおもしろくなかったですね。周りが言うほどクソミソじゃないけど、★は4つです。この映画映画を見終わった後も、ずっと考えてたんですよ。どうしておもしろくないんだろうって。この映画がおもしろくない理由って、意外と難しい。ひとつひとつの場面を考えたら、そんなにひどくないと思うんですよ。でも、見終わった時には「おもしろくないな」と思ってしまう。

たしかにCGはよくできてます。映像はすごいですよ。少年ロボットを演じている子役ハーレイ・ジョエル・オスメントの演技も、うまいと思いました。

家にやって来た時は、ふつうの子供ですよね。それでキーワードをインプットすると初めて母親に対する愛情を持つようになるという設定でしたが、インプットした瞬間の変わり方がやっぱりうまい。一

瞬で表情が変わりましたから。そのあたりは、やっぱり『ホーム・アローン』のマコーレイ・カルキンとは違います(笑)。

だから部分的にはいいんです。けど、全体として考えると、おもしろくない。

ストーリー的には、少年が海底でブルー・フェアリーに会えたところで終わりじゃないですか。あそこで終わってたら、僕は「まあまあええんとちゃう」と言おうと思ってたんです。★だと6つくらいかな。

ところが、その後が長かった。少年と母親の2人のミニコントが始まって、グチャグチャグチャグチャ密室芸で。もうえんやん、もう…という感じでしたね。結末はわかってるわけやから、ひっぱられてもキツイだけやし。しかも映画館がクーラーを効かせすぎで、寒くて、ションベンしたくなってくるし、腹が立ってきました。海底のシーンも寒そうでしたが、映画館はもっと寒かったですね(笑)。

それにしても、映画館のクーラーはちょっと考えないとダメですね。上映する映画によっては、マイナスですよ。熱帯を舞台にした映画だったら、話に入っていかれへんやろうし。かといって、『南極物語』みたいなのがいいかというと、そういうことでもないし。映画館に限らず、日本中がクーラーで冷やしすぎです。

『A.I.』に話を戻すと、僕はジュード・ロウの出番をもっとふくらませてほしかったなあ。女を喜ばせるジゴロ・ロボットの役ですけど、こいつのセックスはどんなものか、見てみたかった(笑)。

『A.I.』を見てたら、絶対に興味はそっちにいくでしょう。ガキとおかんのマザコン話はもうええから、この男のベッドシーンを見せろ、と。R指定にして、もっとジュード・ロウにスポットを当ててくれていたら、★は8つかもしれないですよ(笑)。

スピルバーグはキューブリックの遺志を間違って継いでないか?

でも、スピルバーグがそこをふくらませるとは思えないので、見てる時からあきらめてたんですけどね。キューブリックなら、もうちょっとやったように思います。というか、そこを一番やりたかったんと違うかな。スピルバークはキューブリックの遺志を間違って受け継いでないか?

近い将来、ああいうセックスロボットは本当に出現するでしょうね。まずはAIBO（アイボ）のバター犬からでしょう(笑)。

それと、僕がどうしてもひっかかるのが、母親が少年ロボットを棄てるところです。ロボットとはいえ、自分を本当の母親と思って慕ってくれる子供をあんなところに棄てていかないだろうと思うんですけど。細かいですけど、ちょっと納得できない。

まあ全体的に、スピルバーグがちょっとキューブリックの原案を意識しすぎたのかなあ。結局、スピルバーグでもないし、キューブリックでもない、どっちつかずの映画になった気がしますね。

スピルバーグ作品ということでは、僕は彼が好きなのか、そうでないのか、いまだに自分でもよくわからないんです。たしかにすごい監督だとは思います。ただ、最後は絶対ハッピーエンドになるでしょう。『A.I.』もそうでしたし。それが、もうわかってしまってるんでね。そこが、ちょっと気になります。

スピルバーグで好きな作品を挙げろを言われたら、僕は『激突!』と『シンドラーのリスト』です。『激突!』を初めて見た時は衝撃を受けました。この低予算と少ない出演者ですごい、と。しかも20代の若さであれを撮ったというのは驚きです。『シンドラーのリスト』は意外かもしれないですけど、僕は嫌いじゃない。2回くらい見たかな。長い映画だから、もう1回見ろと言われたら、ちょっとしんどいけど。

『A.I.』の前作『プライベート・ライアン』は、「ものすごい」と聞いていたので、期待値のハードルがぐんと上がった分だけ、ちょっと肩すかしでした。

そのあたり、映画の評価の難しいところです。『A.I.』だって、家に帰ったらポンとビデオが置いてあって、「何これ?」「いや、人にもらったんや」って言われて、何も期待せずに見たら、みんな絶対「ものすごくおもしろかった」って言いますよ。だからスピルバーグくらいになると、本当はすごいのに、プラスアルファのもっとすごいものが加わらないと、もう大衆が納得しない。で、『A.I.』には、そのプラスアルファがなかったということなんでしょう。

『プライベート・ライアン』は、そうは言っても、冒頭のノルマンディ上陸作戦の光景は、まあ迫力があります。実際の戦争よりもリアルかもしれない(笑)。

でも、『パール・ハーバー』もそうですが、戦勝国のアメリカが戦争を描くこと自体、僕は許せません。たとえるなら、銀行強盗をした奴が、「若気のいたりで悪いことをした」と言うのなら、盗んだ金を返せよ、という話です。アメリカも得たものを全部手放して、それで戦争は愚かなことだと言うのなら、説得力があるけど、「いやいや、それは…」というところがひっかかる。

やっぱり一度、ハリウッドがちゃんとカネを出して、広島や長崎に原爆を落とした時の映画を、お前らが悪者になってキチッと撮れ、ということですよ。それもしないで、なにが『パール・ハーバー』や！　だから、僕がすすめられる戦争映画と言えば『プレデター』ですね。シュワルツェネッガーが主役で、アメリカのコマンド部隊がジャングルで姿の見えないエイリアンと戦うんです。これは米軍がやられるからおもしろい(笑)。

キューブリックの映画には意味を求めるな、ということ

キューブリックの前作『アイズ・ワイド・シャット』は、『プライベート・ライアン』と逆です。「おもろないで」「意味わからんで」とさんざん周りから言われてたんですけど、僕はおもしろかった。こういう映画を見てると、「結局、何が言いたいねん」というのは、もう言ってはいけないのかなあ、とも思いますね。そういうことで評価すべきではないという気がします。それは一昔前の映画の話で、これだけ情報があふれている時代に、まだ誰も語っていないメッセージなんてないでしょうし。「おもしろかった」って言ってる奴が、監督が何が言いたいのかわかってるか？といえば、決してそうじゃないですしね。『2001年宇宙の旅』だって、わかるという人のほうがおかしいですよ。

だから、キューブリックの映画に意味を求めるな、ということですかね。それさえ考えなかったら、緊張感もあるし、おもしろいです。スピルバーグみたいに終わりが絶対ハッピーエンドとも限らないし。

A.I.

★★★★☆☆☆☆☆☆

キューブリック原案をスピルバーグが監督したSF大作

故スタンリー・キューブリック監督が温めていた企画。彼の遺志を友人であったスピルバーグ監督が継ぎ、自ら脚本を執筆、監督した。人を〝愛する〟感情をインプットされた少年型ロボットの数千年にわたる壮大な旅を描く。

ストーリー

舞台は未来。不治の病に冒された息子を冷凍保存している夫婦が、息子の代わりとして、母親を永遠に愛し続けるようプログラムされた少年型ロボットデイビッドを引き取る。だが実の子供が最新の科学で生き返り、デイビッドは棄てられてしまう…。

2001年　アメリカ映画
監督・脚本／スティーブン・スピルバーグ
出演／ハーレイ・ジュエル・オスメント、ジュード・ロウ、フランシス・オーコナー
2時間26分／ワーナー・ホーム・ビデオよりDVD3月8日発売（2980円）

プライベート・ライアン

★★★★★☆☆☆☆☆

行方不明の二等兵を探す8人の精鋭たち

第二次大戦下、8人の精鋭が「行方不明のライアン二等兵を探し出せ」という過酷な任務にあたる戦争映画。冒頭30分、ノルマンディ上陸作戦の惨劇を再現した映像の圧倒的迫力が話題を呼んだ。

ストーリー

1944年、ノルマンディ上陸作戦に参加していたミラー大尉は、行方不明のライアン二等兵を救うという任務を負う。だが、前線で危険にさらされるうちに、任務に疑問を感じはじめる。

1998年　アメリカ映画
監督／スティーブン・スピルバーグ
出演／トム・ハンクス、トム・サイズモア、エドワード・バーンズ
2時間49分／CIC・ビクタービデオよりDVD発売中（4700円）

アイズ・ワイド・シャット

★★★★★★★☆☆☆

性欲の深層心理を描くキューブリックの遺作

キューブリック監督の遺作。美貌の妻から思わぬ性的欲望を告白されたことがきっかけで、若い医師が嫉妬と不安と妄想にとらわれていく様を描く心理劇。製作当時夫婦だったトム・クルーズとニコール・キッドマンの共演作。

ストーリー

開業医として成功したビルは、美しい妻と何不自由ない幸せな生活を送っていた。しかし、ある日、夫婦で知人のパーティに出席した夜、彼は妻の告白に言葉を失う…。

1999年　アメリカ映画
監督／スタンリー・キューブリック
出演／トム・クルーズ、ニコール・キッドマン、シドニー・ポラック
2時間39分／ワーナー・ホームビデオよりDVD発売中（2500円）

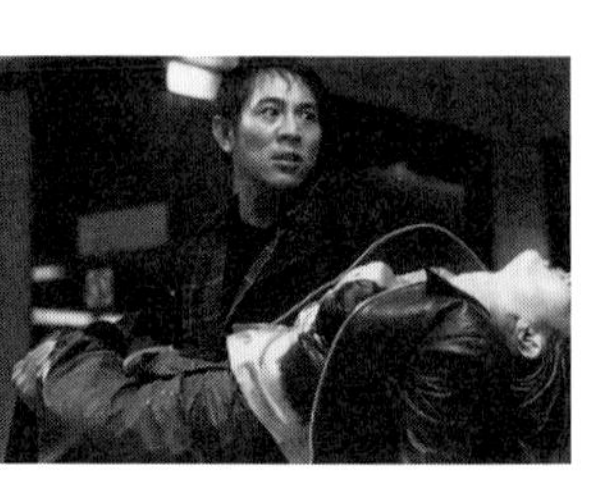

キス・オブ・ザ・ドラゴン

ジェット・リーはほんとに計算高い、悪いヤツですねえ

01年11月

ジェット・リー主演の『キス・オブ・ザ・ドラゴン』はあまりおもしろくなかったですね。リュック・ベッソンがつくった映画の中でもワースト1、2を争うくらいのひどい出来でした。『ニキータ』や『レオン』は、主人公が完全に正義じゃないところがおもしろかったけど、今回のジェット・リーはいい奴すぎるんです。だから魅力がない。お前、そんなにモテたいか？ ええ奴と思われたいか？ というのが鼻につきました。

すごく悪くいえば、ジェット・リーにベッソンがまるめこまれたというか、うまくプロモーションビデオをつくらされたような気がしますね。

この男は悪い奴ですよ。かなりいろいろ計算してますね。僕はメッチャ嫌いですね。

そういや、何かのインタビューで「この映画は、子供には見せてほしくない」みたいなことをぬかしてました。たぶん、ラストシーンの相手役の死に様とかのことだと思うんですけど、グロテスクな場面がけっこうあるので、それをあまり子供には見てほしくないと。

その「ボク、いい奴でしょう」みたいなのが鼻につくんです。好感度を上げたくてしょうがないみたいですよ。とんでもないですよ、こいつ。ベッソンが利用された感じがしますね。

アクションシーンも、特に驚くようなところもないですし。ジャッキー・チェンのレベルにまで全然いってなくて、まあベタベタですよね。

ちょっと武器に針を使ってみましたというだけのことです。その針だって、外国人は何も知らないから、オーッ！　って言ってるかもしれないけど、日本人や中国人から見たら、「そんなことあれへんで」ってことでしょう。なんやパート2のにおいもするし。1作目はベッソンにちょっとつくってもらっておいて、パート2は自分のところでできるわいみたいな雰囲気も漂わせつつ。なんか嫌ですねえ。

この作品と『千と千尋の神隠し』には、におい的に同じものを感じるんですよ。大衆に媚びたようなモノをつくるというのは、そういうことじゃないけどなあ。

僕が『千と千尋の神隠し』を見たくない理由

『千と千尋の神隠し』は山崎邦正が絶賛してました。それで「ぜひ見に行って下さい」って言うから、「俺は行けへん」って言ってるんですけどね(笑)。

だって見なくてもわかりますもん。この監督はテーマ一個でずっとつくってるんでしょう。〃愛〃的なものでしょうけど。

客がめちゃめちゃ入って、大ヒットしているらしいけど、僕に言わせれば、「そんなアホな…」ですよ。これだけ多くの人が見て、みんないいと言うのなら、作品に欠陥はないんでしょうね。だから僕は、見たくないんです。欠陥がないことに対して悔しいんじゃなくて、欠陥がないのはおかしいと思うからです。要するに、挑戦してないんですよ。

ソツがないから、それだけ多くの客も入るし、みんなよかったって言うんでしょう。でも、そんなのは小泉首相の支持率と一緒で、高ければええんかい、という話ですよ。不健康です。

映画も見ずに毛嫌いするなんてとんでもない、と怒られるかもしれないけど、これはもう感覚的なもんですからね。

今みたいに話題になる前から、宮崎駿という監督は僕とは違うところの位置にいる人やと思ってるから、誰がなんと言おうと、嫌いなんです。

だいいち2時間もあるアニメなんて、よう見ないですよ。30分か、長くても1時間にまとめてもらわないと、僕は飽きてしまう。小さな子供が、よくずっと見られるなあと思って感心しますよ。

まあ、子供は何もわかってないですけどね。あいつらは、大人と一緒に映画を見てると、見終わったら「よかった」みたいに言わないとあかん空気みたいなのを敏感に読みとるんですよ(笑)。で、終わったら、本当は早く席を立ちたいけど、もうしばらく座っていて感動しているみたいな感じを出してみるか、みたいな自己演出までしよるんです、子供って。だからほんとは何もわかってない(笑)。

そうそう、もし宮崎駿監督に会うことがあったら、絶対に言わなあかんことがあるんです。「ちゃんとした声優を使え！」と言いたい。

　たまたまテレビで『千と千尋の神隠し』の舞台裏みたいな番組を見たら、誰でも知ってるような俳優が声を入れてました。でも、声を聞いてすぐ本人の顔が浮かぶようでは、作品の世界に入っていけないですよ。ハリウッド映画でも、テレビで見ていて誰でも知ってるような役者が吹き替えをやってたら違和感を感じるやろう、という話じゃないですか。

　どうして監督は、それがわからないのでしょうか。今回も菅原文太さんが声をやってたけど、そんなの絶対ナシでしょう。いつも俳優を起用してるみたいですけど、ホンマにやめてもらわないと。宣伝のためとしか思えないです。それとも、特定の俳優を使わないといけないプロダクション行政的な事情でもあるんでしょうか。

　ついでに言えば、最近は逆に、声優がタレントになるという現象もあるじゃないですか。それもちょっと違う。やっぱり俳優と声優の垣根は、ちゃんと分けておいたほうがいいと思いますね。

　本当に作品をいいものにしようと思ったら、俳優を声優として起用するという発想は生まれないと思うんです。いろんなタレントと交流を持ちたいというのは、結局、ミーハーなだけなんじゃないですか（笑）。

期待値ゼロの分だけめちゃくちゃ楽しめました

けなしてばっかりなので、最近おすすめの映画もあげておきましょうか。

意外におもしろかったのが『処刑人』ですね。映画館でやってたかどうかの記憶もなく、ビデオ屋で回転率がいいのかどうかもわからず、そんなに知ってる役者が出ているわけでもなく、有名な監督でもない。つまり予備知識が全くない状態で、ただ時間が2時間足らずで短いというだけの理由で見るのを決めたんですけど(笑)。

でも、これはおもしろい。寝るまでにまだちょっと時間があるから、帰りにレンタル屋に寄って何か借りようかな、という感じで見るならおすすめですね。

僕がよく行くレンタル屋では4、5本置いてあるけど、いつもレンタル中です。だから評判もいいんじゃないですか。

『処刑人』というタイトルの通り、神の啓示を受けた兄弟2人が街のマフィアやチンピラをかたっぱしから殺していくアクション映画です。アクションやバイオレンスのシーンがものすごいというわけでもないのですが、撮り方がうまいんじゃないでしょうか。映像がカッコよかったし、編集の仕方もテンポがいいです。

この監督は、いろんな人の影響を受けている感じがしますね。自分の好きな監督に感化されつつ、撮ってるような気がしなくもないけど、悪くない映画でした。

★は8つでもいいかな。期待値がゼロだったのでハードルが思いきり低くて、かなり甘い点数ですけどね(笑)。

でも、それって大きいですよ。『A.I.』だってあれだけ前評判が高まっていなかったら、これほどみんなにボロくそに言われることもないでしょうから。

まあ、それは僕自身にもあてはまることですけど。誰とは言わないけれど、10個のうち1個でもそこそこ大きな笑いをとったら「あいつ、おもしろい」ってなる芸人もいるじゃないですか。でも、僕は100個のうち1個スベっただけで「あいつはもう終わりや」って言われますから(笑)。

キス・オブ・ザ・ドラゴン

★★★★☆☆☆☆☆☆

リュック・ベッソン製作の仏製カンフーアクション

『リーサル・ウェポン4』の悪役でハリウッド・デビュー。続く『ロミオ・マスト・ダイ』のヒットでジャッキー・チェンと並ぶ国際的スターになったジェット・リーのフランス製カンフーアクション。

ストーリー

巨大麻薬ルートを暴くために中国からフランスにきた秘密捜査官(ジェット・リー)は、腐敗した仏警察捜査官の罠にはまり殺人の罪をきせられる。彼は、同じ捜査官に娘を奪われたアメリカ人女性(ブリジット・フォンダ)と共に闘いに挑む。

2001年 アメリカ・フランス映画
監督／クリス・ナオン
出演／ジェット・リー、ブリジット・フォンダ、チェッキー・カリョ
1時間38分／日本ビクターよりDVD2月22日発売(4700円)

処刑人

★★★★★★★★☆☆

法で裁けない悪人に制裁を下す必殺処刑人の兄弟

監督はこれがデビュー作となるトロイ・ダフィー。1971年生まれの新鋭だ。暴力的な映像と非倫理的な内容から全米各州で上映禁止に。日本では劇場公開され、ビデオ&DVDがレンタル店で高回転を続けた人気作。

ストーリー

精肉工場に勤める兄弟は神から啓示を受けて、マフィアや殺し屋などを次々と射殺していく。女装趣味のあるFBI捜査官(ウィレム・デフォー)が特異なプロファイリング能力による推理を働かせて、彼らを追うが…。

1999年 アメリカ・カナダ映画
監督・脚本／トロイ・ダフィー
出演／ショーン・パトリック・フラナリー、ノーマン・リーダス
1時間50分／東芝デジタルフロンティアよりDVD発売中(3800円)

PLANET OF THE APES／猿の惑星

僕が監督なら最後は『鹿の惑星』にしてしまいますね

01年12月

『ラッシュアワー2』はアメリカで大当たりしたらしいですけど、それはやっぱりアメリカ人の反応ですわ。

日本人もクリス・タッカーが言ってることが英語でもっとわかれば、もうちょっと楽しめるんでしょうけどね。早口で、声がかん高くて、きっとおもしろいことをいっぱい言ってるんでしょう。そこが伝わらないので、ピンときませんでした。

まあ、全部わかったところで、そんなにおもしろいことを言ってるわけでもなく、キャラクターがおもろいというだけなのかもしれませんけど（笑）。

アメリカ人には、刑事もので、コンビで、ボケとツッコミというのがものすごくわかりやすいんでしょうね。ボケが自分らがよく知ってるアメリカ人で、ツッコミがワケがわからん東洋人というところが、わかるわ！　わかるわ！　って笑ってるんですよ。

チャン・ツィイーは、けっこう画面に出ているわりには印象に残りませんね。全然かわいくないし。中国映画の『初恋のきた道』の面影がなさすぎました。悪女役でも、ちょっとはあの面影が見えないとあかんのとちゃいますか？　がんばりすぎたというか、悪役に徹しすぎました。嫌な面を見てしまったというか、せっかく『グリーン・デスティニー』で目をかけてやったのになんや、みたいなところがあります。

ジョン・ローンに関して言えば、なんで出たんや？　という感じですよ。あまりこういう映画には出ないほうがいいですね。金に困ってるのかな、と思いますよ。

結局、この映画で一番おいしいのはクリス・タッカーです、絶対。ジャッキー・チェンもそんなにおいしくない。

ジャッキー・チェンの映画はいつも最後にNG集がつきますけど、今回はちょっと鼻につきました。完全につくってますよ。撮影所にいるのに携帯電話がかかってきて、あんなに長いことしゃべるなんて、そんなのありえないでしょう。オレの目は節穴やないぞ、なめんなよ。

日本のドラマでも宣伝番組でNG集をやるようにやって、役者の側も「使われるな」って気づいてNGをやってるようなところがあります。いまやNGであってNGでないんですね。

それにしても、このNGは完全に確信犯ですよ。OKテイクが出てから、「ちょっと遊ぼうか」となって、「2人がからんでる長めのNGがもうひとつほしいな」「携帯電話が途中で鳴るというのはどうやろ？」「いいね」って。もうミエミエですよ。

この手の映画が当たったらシリーズ化は楽でしょうね。パート3なんていつでも撮れます。『釣りバカ日誌』みたいなもんです。このレベルより上でも下でもなく、ずっと同じレベルでシリーズを続けられる。製作費も安そうやし、映画ビジネスで儲けるという点では、こういう映画を撮るのが一番いいということでしょうね。

『猿の惑星』はコメディとして見るのならまあいいかな

『PLANET OF THE APES／猿の惑星』はコメディとして見るのなら、まあいいかな、という映画ですね。

すごく微妙なところですけど、監督も笑わしにかかってるような気がします。猿のヒロインが主役の人間に恋してるところとかは、ちょっとそんな感じがしました。

でも、「いや、これはコメディじゃない。真剣につくったんだ」って言ったとしたら、クソみたいな映画です(笑)。★もコメディなら6つですけど、マジの映画やったら3つくらいでしょう。

とはいえ、最初からコメディ映画やと思って見たら、笑いが少ないっていう不満もあるし、ジャンル分けは難しいですね。

今度の『猿の惑星』を見て、非常に無理があると思ったのは、前作で「猿の惑星は地球やった」というオチをやってしまってるでしょう。『猿の惑星』っていうのなら、本当は地球から何万光年離れたところにちゃんと猿の惑星っていうものがなかったらあかんのですけど、そうじゃないところから始まってますからね。

「いや、今回の『猿の惑星』は新しいもので違うんや」って言ってるんですけど、観客にすれば「結局ここは地球やんけ」というのが頭から離れない。

ほとんどの人がずっと「地球なんや」と思って見てる。そこですよね、問題は。地球の未来なのか過去なのかはわからないけど、とにかく地球なんやと。みんな、そう決めつけて見てるから、そこを裏切ったら「このオッサンなかなかやるがな」って思うんです。それを「やっぱり地球だったんや」っていうのは、あまりにねえ…。

僕が監督なら、本当に猿の惑星が別にあったということにしますね。場所も地球からあまり離れていないところにあったほうが意外性がある。

今回の『猿の惑星』には、大きく2つのオチがあるじゃないですか。ひとつめのはバレバレですよ。ここでちょっと笑いますわ、アホらしすぎて。でも、2つめのオチは「もうええわ、死ぬまでやっとけ、お前ら」って言うて、映画館を出ますわ(笑)。

こないだ『ごっつええ感じ』のスペシャルをやったんですが、コントで『鹿の惑星』をやろうかと思ったんです。鹿ばっかりの惑星なんですよ。鹿が馬にのってるんです。それで、主人公が最後に地球に戻りたいって宇宙船で旅をして、気づいたら大仏があるんです。「そうかあ、ここは奈良だったのかあ」っていうオチです(笑)。あまりにアホらしいからやらなかったですけど。

映画も、最後にあそこまでやるなら、鹿にしてほしかった。「今度は鹿の惑星に来たで！」って、鹿の警官やら、鹿の新聞記者やらが来て、ウワァー！　って驚いて、また宇宙船に乗ってどっかへ行って、ボーンって着いて、「今度はどこの惑星や？」っていうくらいのことで終わってくれたら、「こいつおもろいわ」ってなりますよ。

俳優が猿の特殊メイクをしたのも話題になってました。でも、『ハンニバル』もそうでしたが、どこまでホンマなんやろって疑いたくなりますね。

3時間くらい特殊メイクにかかるみたいな話だって、かなりゲタはかしてると思いますよ。そりゃ最初の時はサイズあわせで時間がかかるかもしれんけど、2、3回目だったら40、50分でできるはずです。それにしても、ティム・ロスが毎回あんな特殊メイクで演じてるというのは考えられない。何回か演じてもらったらいいから名前だけちょっと貸しといて、ということでしょう。多分1週間拘束くらいのスケジュールで、主要な部分をポンポン撮って。2カ月も3カ月も朝から晩まで毎日特殊メイクをされてたら、怒りますよ。

とにかく前作の『猿の惑星』がおもしろすぎましたから

この映画に関して言えば、寄りの画面なんてホンマに意味がないですから。普通は逆に引きを別人で撮るんですけど、この手の映画は寄りは誰でもいい。

1週間の拘束で映画1本分のギャラをまるまるもらえたら、役者は名前貸しでもやりますよ。かなりおいしい仕事だと思いますね。

ティム・ロスやヘレナ・ボナム＝カーターが全編出ているというのは絶対ウソ。そんな宣伝文句を信じたらダメです。

この映画は、シルベスター・スタローンの『ドリヴン』じゃないですけど、子供向けですね。中学生くらいまでかなあ。特に前作を見てなかったら楽しいでしょう。

とにかく、前作の『猿の惑星』がおもしろすぎましたから。僕は小学生の時にテレビで見ましたけど、衝撃度はすごかった。笑いでも何でもそうなんですけど、僕は最後に大オチがあるっていうのが一番好きですから。★も9点です。

ただ、その後のシリーズはグズグズでした。「続」や「新」やって、いつまでも続けて、あれはひどいもんでした。

PLANET OF THE APES／猿の惑星

★★★★★☆☆☆☆

猿が人間を支配する
謎の惑星からの脱出劇

1968年にチャールトン・ヘストン主演でつくられて世界中で大ヒットした『猿の惑星』を『バットマン』『シザーハンズ』などのティム・バートン監督がリメイク。前作と違ったラストや、猿に扮したティム・ロスらの特殊メイクが話題になった。

ストーリー

2029年、宇宙飛行士レオは、言葉を話す猿が支配する野蛮な惑星に不時着する。人間は彼らの奴隷として生き延びているだけだった。レオは人間たちを率いて猿に戦いを挑み、脱出を試みるが…。

2001年　アメリカ映画
監督／ティム・バートン
出演／マーク・ウォルバーグ、ティム・ロス
1時間54分／20世紀フォックスホームエンターテイメントジャパンよりDVD発売中（3980円）

ラッシュアワー2

★★★☆☆☆☆☆☆

ロスと香港の刑事がコンビを組む
アクションコメディ

ジャッキー・チェンとクリス・タッカーが香港とロサンゼルスの刑事コンビに扮して99年に大ヒットしたアクションコメディの続編。『グリーン・デスティニー』で注目された中国人女優チャン・ツィイーのハリウッドデビューも話題に。

ストーリー

香港警察のリー警部とロサンゼルス市警のカーター刑事が、香港での休暇を楽しもうとしたところに米大使館爆破事件が発生。2人は香港マフィアを追うが、美しい女殺し屋に行く手を阻まれる。

2001年　アメリカ映画
監督／ブレット・ラトナー
出演／ジャッキー・チェン、クリス・タッカー
1時間30分／東宝ビデオよりDVD4月25日発売（6000円）

GO

アカデミー賞に出品するらしいけど、外国人にわかるんでしょうか？

02年1月

最近、映画も本も全然おもしろく感じないんですよ。年間けっこう映画も見てるし、本も読むんですけど、本当にいいのがない。

ただ、テレビでやってた『ターミネーター2』の完全版みたいなのをなんとなくビデオに録画しておいて、後で見たら、これがおもしろいんですよ。ということは、やっぱりおもしろいものはおもしろい。同じジェームズ・キャメロン監督の『エイリアン2』も、単純におもしろいですよね。

それに比べると、今月の2本はおもしろくない。特に『耳に残るは君の歌声』は何なんでしょうか。戦時中に父親と生き別れた娘が、耳に残る子守歌を頼りに世界中を転々としながら父を探すという話です。

小さな女の子が映っているパンフの写真を見て、最初は子供の話かな、と思ったんです。子供でひっぱって泣かすのかなあ、と。そしたらわりと早めに大人になりました。でもまたどっかで子供に戻すんやろうなと思ったら、最後まで大人のままでした。その設定はよかった。僕は子供をダシに使う映画は嫌いですから。

でも、こういう映画になるのなら、子供に戻してくれたほうがよかったかもしれません(笑)。僕の一番嫌いなパターンやと思うんです。ダラダラと何を眠たいことやっとんねん！ という映画ですよ。歌声を自分の言葉として…とかパンフに書いてあるんですけど、映画を見る限りでは、言葉で普通にコミュニケーションできてますしね(笑)。ユダヤ人がどうこうというのも、日本人にはよくわからない。主役のクリスティーナ・リッチは、好きですよ。『バッファロー'66』の女優というのは、途中で気づいたんですけどね。すごい役者さんだというのがよくわかります。

ただ、ジョニー・デップが『ショコラ』の役とモロかぶりじゃないですか？『ショコラ』とこの映画は、彼の2部構成映画といってもおかしくないくらい、ヘアスタイルもキャラも何もかもドンかぶりです。

それでも、彼が主役で、みんなが彼の新作を待ち望んでいるのなら、まあいい、と思うんです。高倉健の映画もそうですから。でも、ジョニー・デップは脇役ですからね。

きっと『ショコラ』を見てこのオファーが来たんじゃないですか。で、「スケジュールがあまりないんですけど」って断ろうとしたら、「いや、あのままでええから」って、言われて。「ああそうですか」って(笑)。それとも『ショコラ』と並行して撮ってたのかなあ、かけもちで(笑)。

ともかく、この映画は「好き嫌い」でしょうね。僕はジャガーXJRという車に乗っていて、すごく気に入っているんです。その車を、車評論家のなんとかさんは「お好きな人はどうぞ」という言い方をしたんですよ。この映画も、そんな感じですね。

ジョニー・デップが主演女優の足をひっぱりました

正直言って、クサすとこも、そうないんです。じゃあおもしろいのか？　というと、決してそうとは言いたくないし、何が悪いんや？　と聞かれて、どことも言いにくい。見た人に「私はすごくよかった」って言われても、「お前は間違ってる！」って目くじら立てて怒るような気にもならない。批評する者泣かせの作品です。

これで「松本君、感想文を書いてきなさい」と先生に言われたら、僕はごっつ困りますね。無理にほめようと思ったら、できますよ。でもそれはウソですからね。

まあ、この手の映画を僕に見せたこと自体が失敗かもしれない。30代の男で、僕みたいな人間には一番理解しがたい作品なんでしょう。だから、僕とすごく好対照なタイプやと思う人は、見に行ったらおもしろいと感じるかもしれません。

タイトルも好きじゃないですね。邦題なのが丸わかりじゃないですか。『野菊の如き君なりき』みたいな。原題は『THE MAN WHO CRYED』（泣く男）だから、極端な話、真逆ですよね。誰のセンスなんでしょう？　そのあたりもあるので、★は低いです。3点ですね。本当はもうちょい下げたいんですけど、主役のクリスティーナ・リッチの努力を買って。その足をジョニー・デップがひっぱってるんですけど(笑)。

『GO』はアカデミー賞の外国語賞に出品するらしいですけど、どうなんでしょうか? 外国人にわかるのでしょうか?

僕がよく言ってる、アメリカ映画を見ていて、わからないとこってあるじゃないですか。麻薬の本当の意味での社会の中での位置がよくわからん、黒人差別もいまいちようわからん、下ネタもわからん、さっきのユダヤ人どうこうもわかりません。

その逆で、外国人に在日韓国人の問題の微妙なところは伝わらないでしょう。アメリカ人にどういう感じなん?と尋ねられたら、非常に説明しづらい。僕が説明するのと、ほかの誰かが説明するのでは、ニュアンスが違ったりもするでしょうしね。

主役の窪塚洋介は、見た目がいいのはわかります。問題はそこから先です。

僕なんかだと、映画を見ていて、なんやかんや言っても、お前はカッコええやんって思ってしまうんですよ。落ちるところまで落ちたとしても、やっぱりカッコええやん、というところで、もう入っていけない。

男優でも女優でも、全然カッコよかったりキレイじゃなくて、それでもガーンと出てくる若い奴っていないいんですかね。

まあ、個性的な奴は放っておいても頭角を現しますよ、雑草だから。反対にカッコいい奴って、ある程度レールを敷いてやらないとだめなのはわかります。ただ、個性派といわれる人って、わりとオッサンにならないとスポットが当たらないというか、表舞台に出てこられないでしょう。

若い男優は、キャーキャーいわれないと絶対あかんみたいな感じですもんね。カッコいいってことで、かなりなんでもOKにされてしまってる気がします。今に始まったことじゃないんでしょうけど。

この映画の主人公カップルも、もうちょっと容姿がきついタイプにして、傷口をなめあうようなカップルのほうがいいんじゃないですか。僕はそっちが見たい。

そう言いながらも、理解はしてるんですけどね。映画というのは、そういうもんじゃない。もうちょっと観客に夢を見させるもんやということも。

だから、そのリアルとファッショナブルの両方を融合できればいいのでしょう。『GO』はファッショナブルが強すぎたのかもしれません。アカ抜けしすぎました。

もっとリアルを追求していったら、結果的にカッコよくなるはずなんですけどね。その奥を掘るのを途中でやめて、うわべのカッコよさでまとめてしまったのかな。

在日韓国人の話なら『血と骨』をぜひとも映画化してほしい

主人公が、夜中に橋の上で交番の巡査と話すシーンは好きでしたね。一番印象に残ってます。あそこで終わってたらちょうどよかったんですけどね。2時間は長すぎる。

それと民族学校の教室のシーンも、単純におもしろかった。禁止されている日本語を使った生徒が先生に怒られて、言い訳するセリフに「めっちゃウンコしたい」という日本語が入ってくるところ。あの先生役（塩見三省）の役者はよかった。

在日韓国人の話なら、僕は梁石日（ヤン・ソギル）が書いた小説『血と骨』の映画化を見たい。この主人公のオッサンはダーティで最悪です。けど、めちゃくちゃカッコいい。僕が大好きなフランス映画『カノン』の日本版になりますよ。

最近は韓国映画が活気づいていて、南北対立のテーマで押してくるじゃないですか。その対抗馬というのもおかしいですけど、日本でそのへんのテーマを描けるとしたら、たしかに在日の問題というのはひとつあります。これまでの邦画からすると、ちょっと異質なテーマですから、これからそういう映画が増えてくるかもしれませんね。

GO

★★★★★☆☆☆☆☆

窪塚洋介が演じる 在日韓国人の青春ストーリー

恋に友情に悩み傷つきながら成長していく在日韓国人の少年を描く青春映画。金城一紀が自らの体験をもとに描いた直木賞小説の映画化。監督は若手の行定勲。脚本はドラマ『池袋ウエストゲートパーク』などの宮藤官九郎。

ストーリー

杉原（窪塚）は生まれも育ちも日本だが、韓国籍を持ついわゆる「在日」。中学まで民族学校に通っていたが、父の言葉に触発されて日本人と同じ高校へ入学した。ある日、杉原はパーティで出会った少女・桜井（柴咲）と突然の恋に落ちる。だが、彼女に「在日」だと告白したところ…。

2001年　日本映画
監督／行定勲
脚本／宮藤官九郎
出演／窪塚洋介、柴咲コウ、大竹しのぶ、山崎努
2時間2分／東映

耳に残るは君の歌声

★★★☆☆☆☆☆☆☆

子守歌を頼りに 生き別れた父を探す娘

生き別れた父を捜し、ロシア、ロンドン、パリ、ニューヨークと旅を続ける少女の物語。ビゼー、ヴェルディらの名オペラの数々が全編を彩る。『タンゴ・レッスン』『オルランド』の女性監督サリー・ポッターの新作。

ストーリー

ロシアで父の子守歌に包まれて育った少女（クリスティーナ・リッチ）は、迫害により父と引き離される。父を探して旅を続ける少女は、大戦前夜のパリで白馬に乗ったジプシー（ジョニー・デップ）と出会い、愛しあう。

2000年　イギリス・フランス合作
監督・脚本・音楽プロデューサー／サリー・ポッター
出演／クリスティーナ・リッチ、ジョニー・デップ
1時間37分／アスミック・エース

アメリ
これを日本でやるとしたら、主演は西川きよし師匠でしょう

02年2月

『アメリ』はえらく当たってるらしいですね。まあわかりますよ、食いつくやろうなっていうのは。女の子受けでしょう。

「なにか深いよー」という感じをかもし出してるじゃないですか。本当に深いかどうかはともかくとして、「電波出てまっせー」的な感じはある。それを受信したような気にならされてる人たちが、この映画に反応してしまってるんでしょうね。

ハリウッド映画にちょっと飽きてきたところに、フランス映画で、街並みもきれいやし、安っぽくないし、何か奥深い感じもするし、といういろんな条件がたまたま重なってヒットしてるんでしょう。

アメリというのは、フランスのモンマルトルのカフェで働いている女の子の名前です。すごく内気な子なんですけど、他人を少しだけ幸せにしようと、いたずらみたいなことをいろいろするんですよ。

この少しだけ幸せにするという着眼点は嫌いじゃない。これを日本でやるとしたら、主演は「大きなことはできませんが、小さなことからコツコツと」と言った西川きよし師匠でしょう(笑)。

でも、こんなヤツがホンマにおったら気持ち悪いですよ。こんな女には絶対に手を出しちゃだめです。つきまとわれますから。こっちは仕事に疲れて帰ってきたのに、こいつは自分勝手にちっちゃい幸せを味あわせたろと思って、なにやらおかしなことを隠れてしますよ。どうでもいいアホみたいなことを(笑)。

だから、あくまでも映画の中だけのおとぎ話ですね。

僕は、この映画の主人公は男女とも、あまり好きなタイプじゃないですね。傷口をなめあっているみたいな気がします。

監督は『デリカテッセン』の人ですよね。あの映画はかなり前に見て、話はあまり覚えてないんです。でも、すごい世界観があって、強烈なイメージはいまだに焼きついてる。それってすごいことです。

その『デリカテッセン』の異様な暗さとは対照的な部分が、今回の『アメリ』では出てます。ヒットしたということでは、それがよかったんでしょう。暗すぎてダーティだった部分を、ちょっとポップにして、そこが受け入れられたんでしょう。

今は普通の人にもこれくらいひねた感じが一番いいのかも

『アメリ』にしても、きっと5年前だったら、マニアックな人向けの映画やと言われたと思うんです。でも、今はもう普通の人にとっても、これくらいのひねた感じが一番いいのかもしれない。

でも、僕は絶対、この監督は『デリカテッセン』のほうが自信があるし、好きやと思います。『アメリ』は自分のやりたいようにやりつつも、ちょっと大衆を意識したような感じがする。それと、いらん遊びが多いかな。もっと内容で勝負してほしい。

こういうタイプの監督が、ハリウッドに行って『エイリアン4』を撮ったというのは完全に間違いでした。エイリアンは3が「最悪」で、4は「死ぬまでやっとれ！　アホ」って思いましたもん(笑)。エイリアンというすでにできあがっているものがあるわけやから、そこにお前の色をあまり出してもしょうがないし、それをしたいのならエイリアンを撮るなよ、ってことじゃないですか。味付けを変えてまで4を撮る必要は全くないと思いましたね。

『アメリ』に話を戻すと、ひとつ言えるのは街並みがいい。ロケ地はひとつひとつがいいです。この映画はそこが大きいかな。

ただ、僕が頭にくるのは、フランスで大ヒットして、映画で出てきたカフェが観光名所みたいになって、人が集まってるとかいう話ですよ。どうしてそんな店に行きたがるんでしょうか。行ったところでアメリも従業員もいないし、たぶん見たくもないようなゴキブリとかも見てしまうやろうし、行く必要は全くないでしょ。

日本でも、アメリが大好物という焼き菓子のクレーム・ブリュレが人気になってて、食べる時にみんな映画の真似をしてカチカチと割れ目をつくってるとかいう話を聞くと、もう完全にアホですね(笑)。

映画を見て、そこに行きたいとか、真似したいと思うこと自体が、変則的なミーハーというか、気持ちが悪い。

話はずれますけど、昔、ブルーハーツのコンサートで、見に来る奴らがメンバーみたいな格好をしてるんですよ。でも、ブルーハーツって「個性を持とうぜ」みたいなことが曲のテーマなんです。人はどうでもええやないか、自分らしくいこうぜって歌ってくれてるのに、なぜ同じような格好をしてコンサートに行くのか？ アホ丸出しでしょ。

僕は、そういう何も考えずに、まわりに流される奴らが、昔から大嫌いなんです。

子供の時は、仮面ライダー運動靴っていうのが流行っていて、みんな履いてたんですね。仮面ライダーの絵が書いてあるやつです。でもね、仮面ライダーはそんな靴履いてないじゃないですか。そこにすごく納得できなかった。仮面ライダーに近づきたいと思いながら、一番仮面ライダーに遠いことをしてしまってるわけです。それを僕は1人で怒ってましたね。共感してくれる友達は誰もいませんでしたけど(笑)。

とにかく『アメリ』だったら、この映画を見た時点で、ちっちゃな幸せをもらったんでしょ。だったら、もうええやん、って話じゃないですか。どうしてそういう考え方ができないのかなあ。なぜ、映画と同じとこに行ってみたり、食べ物をマネしたりとかするんでしょう。そこが腹が立ちますね。まあ僕は、この映画を見て、ちっちゃな幸せをもらってはいませんけど(笑)。

『メメント』はストレスがたまる映画でしたね。イライラしました。要するに編集遊びでしょう。もう1回編集し直したら、大したストーリーなんかない話です。

10分しか記憶を保てない男が主人公というアイデアは、おもしろいと思いますよ。でも、『天才バカボン』にも同じようなのがありましたからね。パパがママに家に戻って何かを取ってきてくれって頼まれて、1人で家に帰って家中を探し回るんですよ。で、捜し物が見つからなくて、何かで1回家を飛び出して、また家に戻ると「あー、荒らされてるう！」って驚くんです(笑)。僕はものすごく笑ってしまいました。それを思い出しました。

岩井俊二監督の映画にも同じような発想のがありました

それに過去にも、編集遊びやないかという映画はあったし。岩井俊二監督の『Love Letter』もそうですよね。

中山美穂がしょっちゅう出て来るんですが、一人二役で違う役なんです。でも、観客は最初はわからなくて、一緒の子やと思って見てる。けど、だんだんアレッ？　ってなってくる。よく見たら、確かに服装もちょっと違う。それで、なかなかシブいところで別人やということに気づかせるんです。これも実は編集遊びで順番を入れ替えてるだけ。『メメント』もそれと一緒ですね。

『メメント』は撮りようによってはコメディになりそうな素材なので、そっちへいったほうがおもしろかったかもしれません。記憶を忘れないように自分の体に入れ墨でメモするところでも、いろいろ遊べそうです。

僕がおもしろかったのは、主人公がホテルに戻ってきて、たしかドアを押さないといけないのに、引いてしまうところ。もうずっと泊まってるホテルなのに、10分前の記憶が消えてるから、ドアの開け方まで忘れてしまってる。すっごく細かいんですけど、そこが一番おもしろかったかな。

でも、しょせんはアイデア一発の企画もんの映画ですからね。それでずっと最後まで同じことをやってるから、もうええやんけ、いい加減はっきりせえよって思いますよ。途中からストーリーと違うほうに気持ちがいってしまって、集中力が欠けました。ストレスがたまるだけでしたね。

アメリ

★★★★★★★☆☆☆

小さないたずらが大好きな内気な女の子の恋の行方

2001年にフランスで大ヒット。アメリカでも週間興行ランキングでトップ10に入るヒットとなった。日本でも正月映画として単館系のNo.1ヒット作。内気な女の子アメリが小さないたずらを仕掛けて、周りの人を幸せにしていく。

ストーリー

空想のなかでひとり遊びをしてた女の子アメリは、大人になって、モンマルトルのカフェで働いている。周りの人の人生を少しだけ幸せにするため、小さないたずらをしかけるのが好きな彼女が、ある日ポルノショップで働く男の子ニノと出会って恋をする…。

2001年　フランス映画
監督／ジャン＝ピエール・ジュネ
主演／オドレイ・トトゥ、マチュー・カソヴィッツ、ヨランド・モロー
2時間1分／アルバトロス・フィルム

メメント

★★★☆☆☆☆☆☆☆

10分しか保てない記憶を頼りに妻殺しの犯人を追う男

10分前の記憶が消えてしまう男が、ポラロイド写真と全身の入れ墨を手がかりに妻殺しの犯人を追う。31歳の新人監督によるインディーズ映画ながら、全米でヒット。日本でも渋谷のミニシアターでロングランヒット。

ストーリー

ロサンゼルス。保険の調査員レナードの家に、何者かが押し入り、彼の妻はレイプされ殺害される。その光景を目撃したショックで、彼は10分しか記憶を保てない記憶障害になってしまう。そのハンデを背負いつつ、彼は犯人を捜し出そうとするが…。

2000年　アメリカ映画
監督／クリストファー・ノーラン
出演／ガイ・ピアース、キャリー・アン・モス
1時間53分／アミューズピクチャーズよりDVD6月発売予定

あとがき　なんにしても中途半端なものが一番つまらんですね

この本は、日経エンタテインメント！で1999年から連載している映画評コラムの約3年分をまとめたものです。

映画評をやってるからといって、誤解してほしくないのは、僕自身は決して映画好きでもなんでもなくて、どちらかと言えば、嫌いなほうだということです。

連載のために映画を見てても、しょっちゅうだるいなと思うし、ビデオを借りてきても、もう1時間くらいで消したくなることのほうが多い。たぶんあまり好きじゃないんやろうな、と思います。

とは言いつつも、やっぱりいいシーンがあれば印象に残るし、それは自分にとってもマイナスにならんやろうし、ということで、まあなんとなく見続けてるんですね。連載をやってるのも、自分の好みだけで選んでいたらおそらく一生見ないようなタイプの映画を見る機会がつくれると思うからで、もう見たくてしようがなくて見た、というわけじゃ決してない。

だから、監督や俳優に対する思い入れも全くないし、ただ2時間かけて見る価値があったのかどうか、ということだけで評価をしています。

そこはわかってもらった上で、読んでほしいですね。

文章や採点は、連載で掲載した時のものそのままです。今見直してみたら、違う評価になるものもあるかもしれませんが、見た当時はそう思ったということで、全くいじってません。

点数をあらためて振り返ってみて思うのは、映画というものは、どういう順番や状況で見たかによっても印象がずいぶん違ってくるということです。

『奇跡の海』なんかは、同じ監督の『ダンサー・イン・ザ・ダーク』を見た後でDVDを見たので点数が高いけど、順番が入れ替わってたら、もっと評価が下だったかもわからない。逆に、『カルネ』は『カノン』の前に見ていたら、もっと点数がよくて10点満点だったかもしれないし。

取り上げた映画には、映画館で見たものとビデオで見たものが混じってますけど、やっぱり映画館に行くといいですね。ちゃんと覚えてる。たとえば友達と「映画見ようか」ってなった時でも、「あれはどこでやってるの」って聞いて、「なんとかシネマ」とか言われてもわからないけど、「何々を見たとこですよ」と言われたら、思い出すじゃないですか。

それって、すごいことじゃないでしょうか。映画館に行くというのは、ちょっとしたイベントなんですね。だから、やっぱり映画は映画館で見たほうがいいですね。

それにしてもおもしろいもので、思い出してみると、皮肉なことにというか、0点とか1点の映画のほうが、5点とか6点の映画よりもよく覚えてますよ。

これは何なんでしょうか。

やっぱり点数が低い映画の時は、腹が立ったからなんでしょうね。

でも、考えてみれば、それは大事なことじゃないですか。いつの間にか忘れられていく映画のほうがはるかに多いなかで、どんな形にせよ、覚えてもらってるものをつくれてるというのは。

『ドリブン』なんて、ホンマにクソおもろないなあ、と思ったから、ものすごくよく覚えてます(笑)。ところが、5点の『π』(パイ)とか『ウエイクアップ！ネッド』なんてあんまり覚えてないし、今となっては、そういやそんな映画もあったかなあ、くらいのもんです。

だから、点数が高い映画は自信をもっておすすめしますけど、低いものも見ればそれなりに記憶に残るんじゃないでしょうか。まあ、間違いなく腹が立つでしょうけど(笑)。

お笑いでもなんでもそうですけど、中途半端なものが一番つまらんということですね。

INDEX

採点	タイトル	監督	公開年	国	ページ
★5	ウェイクアップ！ネッド	カーク・ジョーンズ	1998	イギリス	30
	π（パイ）	ダーレン・アロノフスキー	1997	アメリカ	42
	海の上のピアニスト	ジュッセッペ・トルナトーレ	1999	アメリカ=イタリア	60
	シックス・センス	M.ナイト・シャラマン	1999	アメリカ	66
	PARTY7	石井克人	2000	日本	132
	レクイエム・フォー・ドリーム	ダーレン・アロノフスキー	2000	アメリカ	150
	JSA	パク・チャヌク	2000	韓国	168
	プライベート・ライアン	スティーブン・スピルバーグ	1998	アメリカ	174
	GO	行定勲	2001	日本	192
★4	シュリ	カン・ジェギュ	1999	韓国	54
	マグノリア	ポール・トーマス・アンダーソン	1999	アメリカ	66
	ジャンヌ・ダルク	リュック・ベッソン	1999	アメリカ	78
	アンブレイカブル	M.ナイト・シャラマン	2000	アメリカ	144
	ハンニバル	リドリー・スコット	2001	アメリカ	156
	リトル・ダンサー	スティーヴン・ダルドリー	2000	イギリス	162
	A.I.	スティーブン・スピルバーグ	2001	アメリカ	174
	キス・オブ・ザ・ドラゴン	クリス・ナオン	2001	アメリカ=フランス	180
★3	菊次郎の夏	北野武	1999	日本	12
	TAXi2	ジェラール・クラビック	2000	フランス	90
	M:I-2	ジョン・ウー	2000	アメリカ	102
	英雄の条件	ウィリアム・フリードキン	2000	アメリカ	102
	ハート・オブ・ウーマン	ナンシー・メイヤーズ	2000	アメリカ	138
	ラッシュアワー2	ブレット・ラトナー	2001	アメリカ	186
	耳に残るは君の歌声	サリー・ポッター	2000	イギリス=フランス	192
	メメント	クリストファー・ノーラン	2000	アメリカ	198
★2	スパイシー・ラブスープ	チャン・ヤン	1998	中国	24
	シンプル・プラン	サム・ライミ	1998	アメリカ	30
	シン・レッド・ライン	テレンス・マリック	1998	アメリカ	66
	エニイ・ギブン・サンデー	オリバー・ストーン	1999	アメリカ	84
	ブラッドシンプル／ザ・スリラー	ジョエル・コーエン	1999	アメリカ	108
	キッド	ジョン・タートルトーブ	2000	アメリカ	114
	60セカンズ	ドミニク・セナ	2000	アメリカ	114
★1	マトリックス	ラリー&アンディー・ウォシャウスキー	1999	アメリカ	42
	キャスティング・ディレクター	アンソニー・ドラザン	1998	アメリカ	102
★0	ブレア・ウィッチ・プロジェクト	ダニエル・マイリック、エドゥアルド・サンチェス	1999	アメリカ	48
	ドリヴン	レニー・ハーリン	2001	アメリカ	168

松本人志の採点表

採点	タイトル	監督	公開年	国	ページ
★10	ライフ・イズ・ビューティフル	ロベルト・ベニーニ	1998	イタリア	6
	ダンサー・イン・ザ・ダーク	ラース・フォン・トリアー	2000	デンマーク	126
★9	シャンドライの恋	ベルナルド・ベルトルッチ	1998	イタリア	36
	ジーンズ 世界は2人のために	シャンカル	1998	インド=アメリカ	48
	カノン	ギャスパー・ノエ	1998	フランス	96
	カルネ	ギャスパー・ノエ	1991	フランス	120
	マレーナ	ジュッセッペ・トルナトーレ	2000	イタリア=アメリカ	150
★8	キッズ・リターン	北野武	1996	日本	12
	雨あがる	小泉尭史	1999	日本	54
	地獄曼陀羅 アシュラ	ラーフル・ラワィル	1993	インド	84
	マルコヴィッチの穴	スパイク・ジョーンズ	1999	アメリカ	96
	奇跡の海	ラース・フォン・トリアー	1996	デンマーク	138
	グリーンデスティニー	アン・リー	2000	アメリカ=中国	156
	処刑人	トロイ・ダフィー	1999	アメリカ=カナダ	180
★7	その男、凶暴につき	北野武	1989	日本	12
	ソナチネ	北野武	1993	日本	12
	バッファロー'66	ヴィンセント・ギャロ	1998	アメリカ	18
	サルサ！	ジョイス・シャルマン・ブニュエル	1999	フランス=スペイン	102
	サン・ピエールの未亡人	パトリス・ルコント	1999	フランス	108
	ショコラ	ラッセ・ハルストレイム	2000	アメリカ	162
	アイズ・ワイド・シャット	スタンリー・キューブリック	1999	アメリカ	174
	アメリ	ジャン＝ピエール・ジュネ	2001	フランス	198
★6.5	ストレイト・ストーリー	デイヴィッド・リンチ	1999	アメリカ	78
★6	あの夏、いちばん静かな海	北野武	1991	日本	12
	エイミー	ナディア・タス	1997	オーストラリア	36
	運動靴と赤い金魚	マジッド・マジディ	1997	イラン	42
	ファイト・クラブ	デヴィッド・フィンチャー	1999	アメリカ	66
	グリーンマイル	フランク・ダラボン	1999	アメリカ	72
	アメリカン・ビューティー	サム・メンデス	1999	アメリカ	84
	サイダーハウス・ルール	ラッセ・ハルストレイム	1999	アメリカ	90
	インビジブル	ポール・バーホーベン	2000	アメリカ	120
	キャラバン	エリック・ヴァリ	1999	フランス=ネパール=イギリス=スイス	120
	初恋のきた道	チャン・イーモウ	2000	アメリカ=中国	132
	ザ・セル	ターセム	2000	アメリカ	144
	PLANET OF THE APES／猿の惑星	ティム・バートン	2001	アメリカ	186
★5	HANA-BI	北野武	1998	日本	12

本書は日経エンタテインメント！（１９９９年６月号～２００２年２月号）の連載をまとめたものです。

シネマ坊主

2002年2月5日　第1刷発行
2002年3月6日　第5刷発行

著　者　松本人志
発行者　高橋銀次郎
発　行　日経BP社
〒102-8622
東京都千代田区平河町2-7-6
日経エンタテインメント！編集部
☎03(5210)8622
発　売　日経BP出版センター
〒102-8622
東京都千代田区平河町2-7-6
☎03(3238)7200
印刷・製本　図書印刷

ISBN 4-8222-1733-7